抱 朴

凡世与神界

抱

朴

凡世与神界书系　　王仁湘　／著

日月崇拜　艺术考古随记　／　之一
RI YUE CHONG BAI

从信仰和神话看中华文明的发生

以考古图像求证神话的本源

以图像神话求证历史的真相

考古物证隐含神话的真相

神话本是人话，神界出自凡间

那些史前时代的图像

蕴含先民虔诚的信仰

闪烁先民精神家园的光焰

上海古籍出版社

图书在版编目(CIP)数据

日月崇拜:艺术考古随记之一/王仁湘著.--上海:上海古籍出版社,2023.7
(凡世与神界书系)
ISBN 978-7-5732-0724-1

Ⅰ.①日… Ⅱ.①王… Ⅲ.①文物-考古-中国-文集 Ⅳ.①K870.4-53

中国国家版本馆 CIP 数据核字(2023)第 096827 号

凡世与神界书系
日月崇拜
艺术考古随记之一
王仁湘 著

上海古籍出版社出版发行
(上海市闵行区号景路 159 弄 1-5 号 A 座 5F 邮政编码 201101)
(1) 网址：www.guji.com.cn
(2) E-mail：guji1@guji.com.cn
(3) 易文网网址：www.ewen.co
上海丽佳制版印刷有限公司印刷
开本 890×1240 1/32 印张 5.625 插页 4 字数 126,000
2023 年 7 月第 1 版 2023 年 7 月第 1 次印刷
ISBN 978-7-5732-0724-1

K·3385 定价：68.00 元
如有质量问题,请与承印公司联系

造作众神

——代总序

　　宗教与信仰的诞生，也许与人类具有意识的历史一样古老。有的人甚至这样说：宗教是原始文化的精神大全。宗教起源于古远的时代，几乎和人类的生成同步，故而宗教现象在人类最原始的文化中就已经出现。还有的研究者指出：自特有反映意识炽烈地燃烧于人的头脑中以来，神话与宗教就已成为人类历史的一部分。神话的一个共同主题，是赋予非人的自然物与自然力以似人的动机与情感，这与早期的宗教明显是相通的。

　　宗教也许并没有这样古老。有人认为，人类的意识自产生以后，在很长的发展过程中处于极低下的状态，不会进行复杂的思维，不会幻想，所以不会有宗教信仰。恩格斯说："宗教是在最原始的时代从人们关于自己本身的自然和周围的外部自然的错误的、最原始的观念中产生的。"宗教大约出现在旧石器时代中期，人类逐渐开始了解自身而无法认识自身的许多奥秘，开始认识自然而无法解释它的千变万化。低下的生产水平使人类在生存搏斗中显得软弱无力，于是在神秘与恐惧中产生了一种幻觉，认为世界上有一种超自然力的存在，还幻想着借助这超自然力摆脱苦痛。那些不能解释的自然力，甚至还有许多平平常常的自然物，被人们逐渐神化了，当作了崇拜的对象，最初的宗教就这样产生了。

在史前时代，所有的人都是宗教信仰者，宗教是他们的宇宙观和思维方式。原始宗教的产生，主要渊源于万物有灵观念，这实质是原始人的宇宙观。在古社会里，人们感觉到的是一种二重世界，以为现实世界不仅是人的世界，同时也是神灵的世界，神灵具有无限的力量，统御着天地与人间。其实，神灵是人类自己从大脑中臆造出来的，人类在创造自己的世界时，也创造了一个鬼魂的世界，人类是众多神灵的造作者。神的世界，就是人的精神世界，至高的神界与平凡的人界是相通的。

在崇拜神灵的过程中，人们神化了自然力与自然物，对高山大川、日月星辰等万事万物都有神秘的理解，宗教崇拜因之产生，这便是最先出现的自然崇拜。史前人类在能力有限的艰难跋涉中，感受到自然力的强大和一些自然物超人的力量，以为它们都是有生命有意志的，它们像人一样也有魂灵主宰，由此生发出自然崇拜，自然力被人格化了，这就是万物有灵观念的产物。先民们认为，人不能为所欲为，还有神在主宰他们，众多的神灵与他们一起生活在这个世界上，神灵既可赐福人类，也会降祸人类，只有顶礼膜拜，才能求得神灵的护佑。

人类学家认为，宗教发展的历史与人类的进化、文化的发展是同步的，不能低估它存在的意义。特别是在人类的童年时代，早期的各种文化形式与宗教都有着不可分割的联系，无论是生活、生产方面的物质文化，还是语言、艺术方面的精神文化，都有依附于宗教的内容。有学者说："宗教就是与超自然力量有关的信仰、态度和行为，而不管这超自然力量是什么——是神灵，是祖先，还是上帝——宗教产生的根源在于人们对自然现象的不能理解，也在于对人类社会感到险恶莫测。宗教便是人们以虚幻的形式来解释和控制这些他们不能控制领域的尝试。"

原始宗教的发展，是经灵魂崇拜和自然崇拜演变而成的，诸神的谱系逐渐系统化、观念化和人格化，进而由偶像崇拜向人格神崇拜过渡。

人类在创造神的世界时，可能有一个逐渐完善的过程。不过最先出现的自然神的崇拜，我们想象不出它们是逐一造成的，还是一群群造成的。在万物有灵观念的支配下，一切自然力与自然物，上自天体，下到大地，所有与人类相关的事物，都可以成为崇拜的对象。人们认为它们各自都有神灵主宰，都具有人类无法超越的力量。根据崇拜对象的不同，自然崇拜可以分为山石崇拜、水火崇拜、动植物崇拜、天体崇拜、大地崇拜等几大类，在史前考古中大体都能找到它们存在过的证据。

山石和水火崇拜的形成，是因为它们与人类生活有着密切的关系。普普通通的石块，一经制作成器，就为人类的生产活动增加了力量，久而久之便形成了山石崇拜乃至石器崇拜。在齐家文化的墓葬中，有随葬小白石的习俗，有时在一座墓葬中发现的小白石达300多块，一些研究者认为这就是白石崇拜的遗迹。这些白石作为随葬品的用意我们已不能完全弄清楚，也许同后来的羌人那样以白石为一切神灵的代表，对此我们无法作出肯定的回答。考古学家们还发现有的史前居民在埋葬死者时，将墓葬的方向朝向山顶，或者朝向远方的高丘，这也可能与山石崇拜有关。

火给史前人类带来了温暖，也带来了威慑，人们对它总怀有敬畏之心，进而引发出崇拜心理，产生了一些特别的崇拜仪式。仰韶文化彩陶纹饰上的火焰纹样，是当时对火崇敬的具体表现。仰韶居民的居址都建有火塘，火塘一侧有火种罐，对用火的管理已有了相当的经验，可见火崇拜的仪轨一定有了很严格的内容。

天体崇拜包括了对日、月、星辰、风云和雷电的崇拜，当然也包括了对上天的整体崇拜。天体崇拜对农业部落来说，是非常重要的，因为天候气象的变化，会直接影响农作物的收成，它关系到人的生存。耕作播种需要降雨，人们要向掌管降雨的雨神祈求；作物的生长需要足够的光照，又得求日神护佑。新石器时代陶工在彩陶上描绘的种种纹样，在一定程度上表现了当时的信仰与崇拜。如仰韶和马家窑文化彩陶上常见的蛙纹、鸟纹及其变体，可能就表现了马家窑人对蛙、鸟的崇拜心理。我们知道，华夏民族在文明初期极其崇拜蛙与鸟，在我们的神话中，鸟为太阳神，而蛙（蟾蜍）为月亮神，这表明日月崇拜出现的时代是很早的，它可能起源于黄河上游地区，是原始农耕文化的产物。黄河下游的大汶口文化陶工，将日月山的复合图像刻划在陶缸上，虽然对它的解释说法不一，至少在客观上反映了当时存在的一种以天体崇拜为主的综合性自然崇拜。

其实在游牧部落中，也并非不流行天体崇拜。我们在内蒙古阴山地区的古代岩画中，看到许多有关天体星座的画面，甚至还有对太阳双手合十的跪拜图像，生动地体现了游牧人拜天的事实。

农业部落不仅重视天体崇拜，而且还十分重视大地崇拜。大地崇拜在农耕文化中表现为地母崇拜，地母即后世所说的土地神。人们生存在大地上，收获在大地上播种的果实，非常自然地视大地为养育了自己的母亲，由此萌发了大地崇拜。大地崇拜的仪式常与农事活动相关联，通常表现为播种前的祈求丰产的仪式，还有获得丰收后的谢神仪式，中国历史时期隆重的"春秋二社"，可能起源于远古时代春秋两季规模较大的祭祀活动。大地养育了人类，所以人类要举行献祭仪式，以此作为报答。史前时代出现的妇女雕像，通常被认为是土地神的象征，它是将地母人格化的神灵。红山文化发现了崇拜地母的祭坛，大地崇拜已有了固定的程式化的仪式。

女神崇拜应当出现在旧石器时代晚期，欧洲的一些旧石器时代遗址出土了不少表现女神崇拜的"维纳斯"雕像。在中国，迄今尚未发现旧石器时代女神崇拜的证据，相信以后会有的。我们只是在红山文化遗址中，发现了用陶土捏制的女性塑像，还见到大型的形如真人的女神塑像，研究者认为那应当是红山居民心中的始祖神。红山人为此盖神庙、砌祭坛，经常举行隆重的祭仪。中国古代传说中的始祖神，是我们在前面已经提到的女娲，她用黄土造人的故事代代相传，伟大的女娲永远是黄土子孙心中的始祖神。

中国古代以"社"为地神，以"稷"为谷神，习惯上将"社稷"的合称作为国家的代名词，我们从中看到了原始宗教打下的深深印记。

我们还注意到，由自然崇拜派生出来的灵物崇拜，在史前时代也极为流行。灵物崇拜的对象比较广泛，包括许许多多的人工制品，大到房屋，小到一般的器具。许多当代原始部落中有佩戴护身符的习俗，这种被认为具有特别神力的小小物件，常常是一种很平常的稍作加工的自然物品，如兽牙、贝壳等，都能作此用。当然有的部落对某些物品可能特别推崇，认为它具有明显的护卫神力，所以用它作为自己的护身符，这实际上就是一种灵物崇拜。在山东和江苏的几处大汶口文化墓地中，都曾发现一些以龟甲随葬的例子，可能是灵物崇拜的遗迹。如山东泰安大汶口的11座墓葬中共出土龟甲20个，江苏邳县刘林9座墓出土龟甲13个，大墩子15座墓出土龟甲16个。另外在四川巫山大溪文化墓地，也发现4座墓随葬有龟甲。龟甲在随葬时一般放置在死者腰部，显然是墓主人随身携带的一件灵物，可能起到驱邪的护身符作用，这被研究者认定为是一种龟灵崇拜。后来商代盛行的龟甲占卜，可能与史前时代的这种龟灵崇拜有一定的渊源关系。

我们在主要分布在安徽一带的薛家岗文化中，还见到在一些石器上用红色进行彩绘的现象，这类器具很可能是被当作神器看待的，也是灵物崇拜的表现之一。我在发掘西藏拉萨曲贡遗址时，发现了大量涂有红色的石器，应当具有同样的用意。

自然崇拜是史前人类对自然力无能为力的一种思维方式。虽然人类在事实上依靠自己的双手和智慧取得了进步，可打心底却认定一切都是各方神灵赐予的，于是礼拜愈加虔诚。人类就是在对各路神灵这样的膜拜中，获得一部分生存与发展的信心和力量的。先民们便由此生活在自己营造的神界里，采用崇拜自然的方式来改造自然。

用心造出了那样多的神灵，人们并没有认为就此万事大吉了。神还需要礼拜，人们要通过各种礼仪活动使众神心满意足，以此求得神的护佑。礼拜神灵的最高形式是献祭，神的威严可以在各种献祭活动中得到最充分的体现，只有在这个时刻，人们感觉到与神之间的距离被缩短到了最低限度。对于那些直接主持祭仪的祭师们而言，他们是通神的崇高使者，他们简直成了神的代言人，借助神的

日月崇拜

灵光享有极高的地位。

人们对神举行的献祭活动，目的非常明确，是一种对神的贿赂行为。《诗经》有"神嗜饮食，卜尔百福""神嗜饮食，使君寿考"之类的句子，表明古人这样一种非常坚定的信念：只有多多献给神灵好吃的东西，神才会保佑人的平安，使人能够多福长寿。我们完全可以相信，这样的信念最早是史前人确立起来的，向神灵献祭饮食与其他物品的仪式在史前时代就已是非常规范化了。

在新石器时代，人们已经开始构筑专用的大型祭坛和神庙，作为日常礼拜神灵的固定场所。有研究者认为，大地湾901号房址规模宏大，建筑质量考究，应是一处召开头人会议或举行盛大宗教仪式的公共设施。室内的大灶台并非用于烹饪，可能是燃烧宗教圣火的处所；室外的12根立柱可能是氏族部落的图腾柱，这样的建筑应是原始殿堂。

红山文化和良渚文化都发现有祭坛遗迹，祭坛布局严谨，规模宏大。在辽宁东山嘴红山文化遗址，发现了一处大型石砌建筑遗迹，经研究，学者们认定属于原始宗教建筑。这是一组相关的建筑，有卵石圆形石台，也有巨石长方形石坛。在圆石台周围发现了女性陶质塑像，表明那是供奉女神的祭坛。方形石坛的附近，出土有玉龙和一些非实用的彩陶器。考古学家们认为，这是一处重要的祭祀地母、农神的宗教场所，它的主人是整个部落或部落联盟。在特定的日子里，人们成群结队长途跋涉来到这里，通过隆重的祭典，献上认为神一定会喜爱的祭品，向神灵表达自己内心的愿望。

就在发现东山嘴的祭坛建筑群不久，又在距离它不远的辽宁凌源、建平两县交界处的牛河梁，发现了规模更大的祭坛与神庙遗址。

牛河梁是一处有严谨布局的建筑群，以山梁顶端的女神庙为中心，周围环绕着积石冢。女神庙是以南北方向布置的多室殿堂，北边为一石筑的大型山台，南边有3处大冢和祭坛。女神庙结构复杂，有主室、左右室、前后室等，供奉有女神群像。多数神像比例如真人大小，根据出土塑像残片推测，当时还塑有超过真人3倍之大的女神塑像。研究者们由此推测出这里应当是一处以祭祀女性先祖为主的多神礼拜场所，是一处非常重要的宗教中心。

女神庙附近的积石冢，就是用石块砌成的大型墓葬，墓内随葬有许多精美的玉器。这些积石冢的周围，还分布着一些小型墓葬，墓葬与墓葬之间建有圆形石祭坛，墓前还有石块铺成的台面和烧土面，这些都是举行祭祖仪式的处所，附近发现了一些当时用于祭祀的猪骨与鹿骨。由这些发现可以清楚地看出，祭祖对于红山文化居民来说，已经成为传统与制度，祖先崇拜已经进入相当成熟的发展阶段。有的研究者认为，遗址上所见墓祭遗迹的主祭对象是近祖，即真实的祖先；而坛庙主祭的则应是远祖，也即是部落或部落联盟的始祖神。

这种采用坛庙方式祭奠祖先的例子，不仅见于红山文化，在杭嘉湖地区的良渚文化中，也有重要发现。浙江余杭的反山、瑶山和汇观山等遗址，都发现了规模宏大的祭坛遗迹。良渚人在人工堆筑的土台上建起三色祭坛，还修筑有大型墓穴。瑶山发现的祭坛为方形，面积有400平方米，中间为一南北方向的红土方台，台上筑有大型墓葬。墓葬中的主人有木棺、木椁，随葬有成堆成组的玉器。多数玉器既不是生产工具，也不是生活用具，而是纯粹的礼仪用器，不少是专用的祭器。后来在余杭的汇观山也发掘到与瑶山相似的祭坛，祭坛为长方形三色土台，面积达 1 600 平方米。

根据最新的报道，长江三角洲在崧泽文化时期就开始构筑祭坛了，它表明良渚文化居民的祭统是从崧泽文化居民那里承袭来的。浙江嘉兴崧泽文化时期的南河浜遗址，发现了用不同颜色的泥土分块筑成的祭祀土台，结构为方形覆斗状，高 90 厘米，面积约 100 平方米。这样的祭坛，让人很自然地想到北京中山公园里清代的五色土祭坛，它们之间的渊源关系非常明了。

礼器的出现，应当是祭祀活动频繁举行的必然产物。中国古代盛行以玉制作礼器，以为玉能通神，这传统显然起源于史前时代。红山和良渚文化居民就已经拥有了这种玉琢礼器的传统，如良渚文化所见的琮、璧、钺，就是专用的祭器。江浙一带 20 多处良渚文化墓地的 50 多座大型墓葬中，出土用于随葬的各类玉器 6 000 余件，有时一座墓中就发现玉器 100 多件，玉器数量最多的是琮、璧、钺三种器形。这些玉器到了青铜时代仍然法力无边：钺成了权力的象征，琮和璧仍是祭天礼地的神器。在中原地区，龙山文化中也发现有礼器，包括具有权杖意义的钺和鼓等。山东地区大汶口和龙山文化中也有琮、钺和鼓，在一些大型墓葬中都随葬有这样的礼器，也许死者生前就是专门的神职人员。

史前传统的祭仪，作为献祭的重要内容还包括杀牲活动。杀牲既杀兽，也杀人。考古学家们在红山文化祭坛边发现的兽骨，当为祭祀杀牲的证据。杀人进行祭祀，称为"人牲"，是将人作为献给神灵的牺牲。农业文明中的史前居民，流行地母崇拜，他们认为对地母最大的敬意就是祭献人牲，取人血灌地，为的是祈求农作物能有好收成。在仰韶文化的一些遗址中发现不少非正常死亡的埋葬，不规则的土坑中埋着非常规葬式的死者，有的还与牲畜共埋一处，我们对此可以作出杀祭人牲的推测。类似遗迹在龙山文化时代发现更多，表明杀祭人牲更加普遍了，许多无头死者与多人不规则的丛葬，残缺不全的肢体，都是杀祭现象普遍存在的证据。

在河南地区的一些龙山文化遗址里，相继发现不少奠基牲的遗存，它也是一种相当典型的人牲现象，不同的是献祭的对象不是地母，而是房屋神。在有的遗址，一些较大的房屋居住面下或墙基下，发现有特意埋入的儿童或成人，他们显然是建房过程中处死的人牲，都是奠基用的牺牲品。如在汤阴白营遗址，发现在 2 座房屋内埋有童牲；在安阳后冈遗址，15 座房址内埋有幼童 27 人；在永城王油坊遗址，发现在 1 座房基下埋有人骨架 3 具；在登封王城岗遗址，1 座夯土建筑下的奠基坑中见到 7 具人骨架，有幼童，也有成人。人们相信，献出自己的亲人为牺牲，神灵会保佑居所平安无恙。

在对神灵的虔诚献祭中，史前先民表现得十分慷慨，他们可以毫不吝啬地献出认为是神灵所需要的一切，包括自己所创造的一切美好的东西，甚至是亲人的生命也在所不惜。

原始宗教的表现形式，除了各类崇拜祭典以外，重要的还有巫术、禁忌、卜卦等。巫术作为重要的宗教形式，与史前人类的生产、生活、生殖密切关联，有用于生产、战争、宗教活动的交感巫术与接触巫术，还有以善恶为目的的白巫术与黑巫术。巫术常常成为人们各种活动的先导，人们以一种固定的方式强制超自然力为自己的目的服务。

禁忌又被称为"反巫术"，其实也是广义巫术的一种。巫术是为达到某个目的而施行的积极行为方式，而禁忌则是为回避不幸而施行的消极行为方式。卜卦也是巫术的一种普遍的表现形式，它通过认同的各种自然物的兆示预卜行为的未来结果，或者说是通过认可的仪式主动向神灵请教，其结果称为神示或神断。

宗教被认为是人类文化中一种消极的因素，但它对人类早期文化的发展作出的重要贡献却是不可低估的。如巫术之于原始艺术的产生，对于语言的完善，对于引导人们对天文学、地理学和其他科学知识的关注，原始宗教的作用是显而易见的。宗教对人类早期神话与传说体系的构筑，对人类思维的发展，对人类哲学、艺术、伦理等文化领域的贡献，是不可磨灭的。更有学者如弗雷泽说，人类智力发展过程经历了三个具有世界历史意义的阶段，即巫术、宗教与科学阶段，三个阶段有着非常一致的目的性和心理机制，彼此之间有着不可分割的连续性，在人类文明史上它们是浑然一体的。实际上这三个阶段的发展，标志着人类认识自然的进步，这是从屈服于自然，向掌握自然规律到征服自然的进步。

（节选自知原［王仁湘］:《人之初——华夏远古文化寻踪》，四川教育出版社，1998 年）

目　录

良渚之旋

　　彩陶中的旋纹，是用地纹表现的一种特别的纹饰，以独立的双旋或连续的双旋为主要范式，它在庙底沟文化中非常流行，也传播到邻近的一些新石器文化中。探讨了庙底沟之旋，现在又要说说良渚之旋。良渚文化也有旋纹么？它与庙底沟文化有明显的时空距离，难道二者之间也有过交集？话题由一条微博说起。

　　图1是良渚文化的一件典型的黑陶贯耳壶，这个遗址的考古发掘报告已经出版，不过我未及读到。一天浙江文物考古所方向明先生微博中晒出此图，它竟然惊着了我。我的第一感觉是惊诧：那成排的独立双旋纹刻画，明明白白出现在良渚文化黑陶上，这怎么可能？

　　但它就真的出现了。

　　良渚与庙底沟之间，会有怎样的亲密关系？

　　查阅考古报告，海宁小兜里的这件良渚文化黑陶上，真就刻画着两排双旋纹，而且也采用地纹方式。有图，有照片，千真万确。

　　其实在海宁小兜里，旋纹不仅有刻画，还有彩绘，有独立的双旋纹，也有左右连接的双旋纹。在图2的陶豆上，豆盖上绘有四元连续双旋纹，豆足部又绘有六元连续双旋纹，这样的纹样已经尽善尽美。良渚之旋，在海宁小兜里，不是孤证。

日月崇拜

M32:1

2

图 1　浙江海宁小兜里遗址出土黑陶贯耳壶

1. 实物图　2. 线描图

M44：1

图3 浙江海宁小兜里遗址
出土彩绘器盖

M53：2

图2 浙江海宁小兜里遗址
出土彩绘豆

日月崇拜

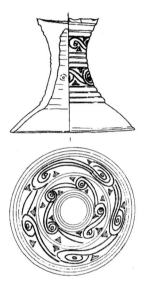

图 4　浙江海宁小兜里遗址出土陶豆

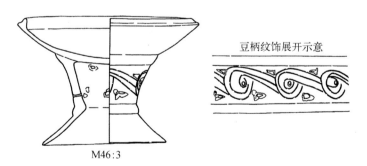

M46:3

图 5　浙江海宁小兜里遗址出土刻画旋纹陶器

良渚之旋

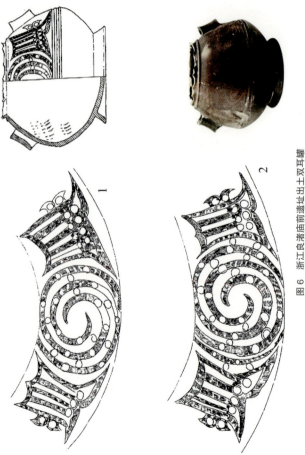

图 6　浙江良渚庙前遗址出土双耳罐

日月崇拜

图 7　浙江良渚庙前遗址出土陶器

图 8　江苏昆山赵陵山遗址出土陶盘錾部

图 9　浙江海盐仙坛庙遗址出土

崧泽文化陶胎朱绘漆壶

良渚之旋

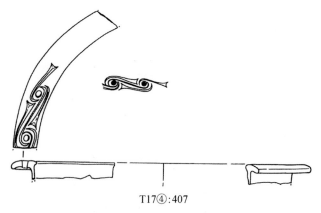

T17④:407

图 10　浙江海宁小兜里遗址出土刻画旋纹陶器

海宁小兜里彩陶双旋纹，有四元组合，也有六元组合，图 3 是另一件器盖上彩绘的六元组合双旋纹。

有一件陶豆的柄部与圈足内，也有连续双旋纹装饰，图 4 为五元双层组合，倒是不多见的标本。

在一些器盖、器腹和器口部位，也能见到双旋纹刻画装饰（图 5、10 ）。

图 6 的双耳罐，腹面刻画繁复的纹饰，构图中心仍然是双旋纹结构，旋臂很长，环绕旋心位置两周，是最精致的双旋纹构图之一。

图 7 的残器上也有连续的双旋纹刻画，只是构图显得略微潦草一些。

昆山赵陵山的一件器鋬上，也刻画着典型的连续双旋纹（图 8）。可见双旋纹在良渚文化陶器上，并不是偶然出现，也不是只在某一个遗址出现。

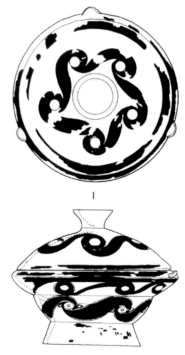

I

图 11　浙江海盐仙坛庙遗址出土

崧泽文化陶胎漆绘双腹豆

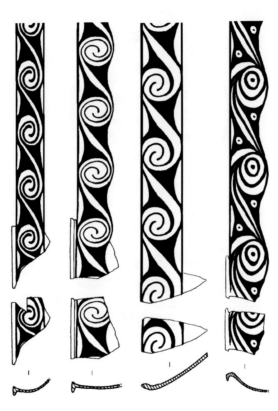

图 12　甘肃秦安大地湾四期文化彩陶双旋纹

　　　　　　　　　　　　　　　　　　　日月崇拜

图 13　崧泽文化刻画双旋纹陶杯

再往前追溯，崧泽文化中也见有双旋纹，图10的陶胎朱绘漆壶，上绘连续双旋纹，与良渚所见雷同，可以判断良渚的同类纹饰由此而来。

海盐仙坛庙还有一件崧泽文化陶胎漆双腹豆，盖上绘一周连续双旋纹，腹外绘两周连续双旋纹，与良渚文化的构图相同，风格一致（图11）。仙坛庙的发现，可以确认良渚之旋来自崧泽文化，而不是直接由庙底沟文化输入。那么崧泽文化的双旋纹，来自庙底沟文化么？

双旋纹的源头在哪里？

双旋纹出现在庙底沟文化彩陶上，是非常流行的地纹彩陶。它向外传播，东至大汶口文化，东北至红山文化，南至大溪文化。难道它也传播到了东南？或者东南的双旋纹自成体系，崧泽—良渚与庙底沟互不相干？不过现在的资料显示，双旋纹在良渚和崧泽文化中并不十分流行，具有次生特点，不像是原生纹饰。那么源头在哪里，会在庙底沟文化中么？

西北甘肃和青海地区，庙底沟文化彩陶上流行双旋纹，至石岭下文化（仰韶晚期）成为主流纹饰之一（图12）。到马家窑文化时期，连续的双旋纹仍然是彩陶主流纹饰之一，旋心明显放大，旋线也多有变化。马家窑文化彩陶中偶尔也见有多旋臂的旋纹，也是双旋纹的变体。

马家窑文化彩陶中有一种四元组合连续双旋纹，似乎与崧泽和良渚双旋纹比较接近，有很强的可比性。半山文化中的双旋纹彩陶，虽然看起来比较繁复，但基本结构还是很清楚的。

在嘉兴博物馆见到的一件崧泽文化陶杯，下面刻画一周连续的

图 14　河姆渡文化陶纺轮上刻画的双旋纹

双旋纹（图13）。如果将它与甘肃秦安大地湾四期文化成熟的双旋纹彩陶进行比较，我们会觉得它们的距离并不明显。

其实与彩陶同工的刻画双旋纹，在东南可以上溯到河姆渡文化，这一点是我们过去不曾注意到的。在浙江余姚河姆渡遗址出土的一件陶纺轮上，有连续的四元双旋纹刻画（图14），它的年代比较早，最晚也应当相当于马家浜文化晚期至崧泽文化早期。

比较仰韶文化晚期及马家窑文化早期的双旋纹，总觉得西北与东南之间有剪不断的联系。这种联系的中介，有可能是大汶口文化，鲁南和苏北地区出土过一些很典型的双旋纹彩陶（图15）。大汶口文化的双旋纹彩陶，可以确认承自庙底沟文化，它的彩陶是次生的，主体纹饰也是次生的。大汶口文化的双旋纹虽然有一些特别的组合形式，但双旋结构不变。

双叶片组合在仰韶文化彩陶上很常见，河姆渡文化陶器刻画中也有类似构图，两者之间有无关系还在探讨中。河姆渡一期文化所见刻画叶片纹，与仰韶彩陶同类纹饰异曲同工。

难道真有从西北到东南的传播脉络？海盐仙坛庙的一件彩陶钵，

良渚之旋

邛县大墩子

图 15　大汶口文化彩陶双旋纹

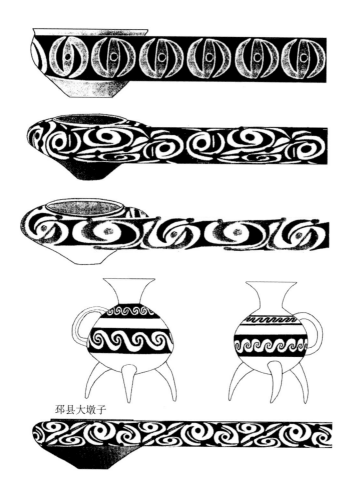

邳县大墩子

图16　浙江海盐仙坛庙遗址出土彩陶钵

属崧泽文化，却有仰韶文化风姿，这样的器物口沿装饰风格非常接近仰韶文化（图16）。

回看方向明先生带来的小兜里的发现，上面的地纹风格，让人想起庙底沟文化彩陶双旋纹，也想起马家窑文化彩陶上的双旋纹。它们仅仅是相似，还是内涵也相同？

再看一件精美的出自浙江平湖戴墓墩的刻画双旋纹陶杯（图17），我们相信良渚人接受双旋纹一定不会只是觉得它好看而已。

同是出土于平湖戴墓墩的一件陶钵，钵底部刻画着一个简单的双旋图形，它也是个双旋纹（图18）。也正是因为图形简单，越发引起我们的注意，它真的并不简单。对双旋纹彩陶，其实我们还缺乏足够的认识，我们有过许多误解。

由史前彩陶双旋纹在各地的分布，可以认为，广大地域内的人们认同的不仅仅只是这种艺术形式，更重要的是认同了这形式里面的内涵。旋纹，是庙底沟、大河村和大汶口文化彩陶最富特征的纹饰。它是富有智慧的艺术作品。类似构图在现代艺术中依然鲜活。它象征着什么？

内敛的双旋，独立而严谨，散发着律动的美。外向的双旋，放

　　　　　　　　　　　　　　　　　　　　　　　日月崇拜

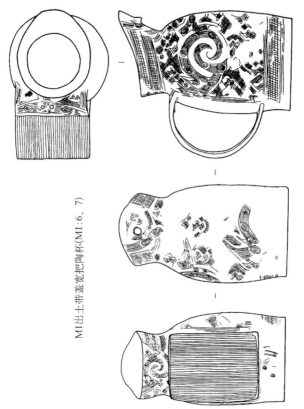

M1出土带盖宽把陶杯(M1∶6、7)

图17 浙江平湖戴墓墩出土陶杯

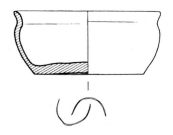

图 18　浙江平湖戴墓墩出土陶钵

图 19　湖北天门石家河遗址刻画执钺人陶器

浪的视野，放纵的眼神，开阔的胸怀。单体旋动的大双旋，包容着小旋，伸展着长长的双臂，弧边的三角衬托起一个个谜团，深邃而张扬。连续的双旋，像是克隆自我，心与心相映，手与手牵引，无限扩展，无限情怀。

　　单体双旋，有独来独往的性格。连续双旋，旋外旋与圆外旋的旋臂左右联动，互为始终。庙底沟文化晚期彩陶单体双旋左右延伸，

图 20　良渚文化玉雕神像

已经有了连续双旋的模样。庙底沟文化彩陶上的旋外旋，完成了单体双旋的扩展，成为了连续双旋。

我们要问，这种双旋的意义何在？来看看石家河文化的发现。图19出自天门石家河的陶器上，画有一位执钺王者，王者冠顶的双旋纹装饰，就给我们提供了一个思考的线索。它说明，双旋一定不是无意义的图形。

再看看良渚文化玉雕神像，构图频繁出现单旋和双旋，含义更是值得探讨（图20）。

双旋从何而来？旋表现的是一种运动方式。水有旋，风也有旋。天体之旋，"天左地右"，银河系就是这么旋着的，太阳和地球，也都是这么旋着的。

一个值得探索的问题是：在史前人那里，旋一定有特别的内涵，得到大范围人群认同的内涵，这个内涵需要深入探索，也许就与观察中的天体运行有关。

日月崇拜

天目华冠

四川广汉三星堆两个器物埋藏坑自 1986 年发现以后，过去了近 20 年的时间。[1] 对两坑中出土器物的研究，吸引了不同学科的众多学者，研究取得了许多重要收获。其中二号坑的青铜立人像，是三星堆出土文物中最受研究者关注的对象。学者们对它进行过反复探讨，提出了种种解说，[2] 取得了不少成果，但是远没有获得定论。实际上我们在急于进行总体诠释的过程中，常常忽略了一些细节问题，得出的结论总觉得还有待完善。例如立人像的冠式，我们似乎还没有认真讨论过，现有的认识也较为含混，还没有确定的结论。本文便想由冠式入手，对三星堆青铜立人作进一步探究。

三星堆青铜立人的冠式，应当说是一个较为明朗的问题，只是因为冠顶局部残缺，所以至今还没有一个较为确定的解说。青铜立人冠其实是一个非常明确的兽面形装饰，兽面仅有一对带眉眼的大眼睛，耳鼻嘴均无。这种兽眼可能有特定的含义，它为解开青铜立人像之谜提供了一个很重要的线索。

1　本文写成于 2006 年左右。本书出版时，已过去了 30 余年。

2　沈仲常：《三星堆二号祭祀坑青铜立人像初记》，《文物》1987 年 10 期。

图 1   三星堆青铜立人像

日月崇拜

图 2　青铜立人像局部

一、天目冠——青铜立人冠式的解读与复原

三星堆二号坑中的器物散乱地堆置在一起，许多青铜器上还见到有被有意砸损的痕迹。其中我们要讨论的青铜立人像，发掘中发现，在当初埋藏时已被砸损，整体断裂为几截，与其他器物散乱地堆放在一起。青铜立人像出土后经过精心修复，整体形象基本完整，成为三星堆出土的体量最大的一件文物，十分引人注目。但是立人像也有一个缺憾，立人的冠顶局部残缺，后来也没能得到修复，发掘者也没有对它作复原研究。一些研究者对它的冠式虽然很感兴趣，但却究之不明，一直没有确定的结论（图1）。

原发掘报告中关于立人冠式描述的要点是：立人头戴冠，筒形冠上饰两周回纹，冠顶平齐，冠上前部饰变形的兽面，兽面两眉之间上部有一日晕纹，冠的边缘已被砸卷曲，部分已残缺无存。[1] 报告中不仅附有立人像图照，还有冠式的整体拓本。

对于立人冠的冠式，不同研究者眼中有不同的成像，有一些不一致的说法。有的研究者认为立人冠面是一轮带有芒线的太阳形象，也有人认为立人冠式是一朵盛开的莲花，同时也是太阳的象征。[2] 也还有一些其他的解释，比如说冠上装饰的是羽毛之类的饰物等。[3] 造成这些分歧的原因，是大家还没有对立人像的冠式作深入的复原研究。

1　四川省文物考古研究所：《三星堆祭祀坑》，文物出版社，1999年。

2　林巳奈夫：《中国古代的日晕与神话图像》，载《三星堆与巴蜀文化》，巴蜀书社，1993年。

3　赵殿增：《三星堆祭祀坑文物研究》，载《三星堆与巴蜀文化》，巴蜀书社，1993年。

日月崇拜

1

2

图3　青铜大立人像冠式拓本及复原样式

1. 立人像冠面拓本　2. 立人像冠面拓本图像的复原

从原报告中立人像的照片和线描图（图2），不太容易看出冠式的本来面貌。细审原报告所附的立人冠拓本（图3），可以比较清楚地看出，冠面上本是一正形的兽面，兽面由两只紧密连接的大眼睛构成。因为由正面看不到兽面眼形中的两睛，所以不容易认定它是眼睛，因而发掘报告说它是变形的兽面。兽面双目中，两睛略呈圆形，处在冠面两侧，因两外眼角均已残缺，所以不容易辨认整体形状。又因两眼内眼角正视如变化的眼形，发掘者因而认定冠面为变形兽面。所谓的变形兽面，实际上是两只残缺的眼睛。

观察原报告所附载的立人冠面的拓片，只需将冠面残损处的线条向外略作延伸，我们便能得到一双眼睛的整体图像（图4）。由复原的画面可以非常清楚地看出，立人冠的冠面上确实有一对大眼睛，这眼睛与器物坑中同时出土的一些单体青铜眼睛的形状基本相同。如原报告图一一四所绘的眼形，中间的眼球体很大，大到张出眼眶

1　　　　　　　　　　　　2

图4　立人像冠的两种复原样式

　　　　　　　　　　　　　　　　　　　　日月崇拜

外，是一种颇具威严的瞋目。立人冠面上兽眼中的眼球也张出眼眶之外，由于外眦残缺，让人不易获得直接的印象，致使有的研究者将其认作是盛开的两个莲瓣图形。现在我们完全可以确认，青铜立人冠的冠式是一种兽面冠，这样的兽面冠仅表现有眉有目的兽面，应当具有特定的象征意义。

我们看到三星堆出土的单体眼形饰件，有一种是内外眼眦都作回折的勾曲状，在同时出土的其他一些青铜兽面上也见到这样的眼形。立人冠兽面的双目应为不作勾曲的两头尖形状，为一种梭形眼，它的内眦是正常的尖形，残缺的外眦也应是如此。

在确定立人冠冠面的眼形为两端尖的梭形眼以后，我们还要进一步考究双眼上眼眉的样式。第一种可能是，眼眉是顺着上眼睑平行上翘，与外眼眦的长度相当，在一些同出的青铜头像和面具上都能见到这样的眼眉（图4，1）。第二种可能是，外展的眉尖略向上卷曲，因为有些青铜兽面的眉形就是这个样子（图4，2）。我们倾向于前一种复原方式，立人冠上的眼眉以不作勾曲的样式可能性较大，这样冠顶大体还是平齐的样子，与立人像整体风格保持一致。

我们还特别注意到冠上兽面的眉心有一圆形装饰，原发掘者认作是日晕，此说可从，权作是太阳的象征。太阳是为天眼，兽面的双目与太阳图像似应作一体观，所以可称为"天眼冠"或"天目冠"。如此看来，立人冠的冠式当反映有太阳崇拜的古风。对于这个问题，后面还要再作议论。

二、眼形谱——古蜀人随处可见的眼睛崇拜

在三星堆葬物坑出土的文物中，常常见到的眼形装饰深深吸引了一些研究者。且不说那些青铜人面、兽面上变化多样的眼睛造型，青铜人像身上的眼形装饰和大量单体的青铜眼形装饰更让人费思索。先此林向、赵殿增、高大伦诸先生对三星堆文物上的眼形多有高论，[1] 许多学者都很关注这个问题的讨论。我也曾深为这些眼形图像所感动，也曾拟作"点检三星眼"，要将这些眼形图像梳理一番，可惜未及成稿。

三星堆蜀人在他们所作青铜造像的衣服上（包括袍服、下裳），常常铸有成对的眼睛图形；在三星堆文物上，眼睛造型更是一而再再而三地出现，这是一种让人感到非常特别的事象。如青铜神坛中部铸出的操蛇（？）四力士像，它们双腿的外侧都有对称的眼形图案（图 5，1）；在另一座青铜神坛顶端有一尊跪坐的人像，残存的双腿外侧也见到一双眼形图案（图 5，2）；还有另一件小青铜人像的双腿外侧，同样也见到类似的眼形图案（图 5，3）。这些青铜人像的双腿外侧都有相似的眼形图案装饰，它们的装束是如此的一致，理应具有同样特别的意义，遗憾的是我们现在还无法完全解开这个谜，不知道这些力士们原本的身份是什么。

三星堆大量见到的青铜人像和面具上的眼形样式大体一致，基

---

1 林向：《三星堆青铜艺术的人物造型研究》，载《四川大学考古专业创建四十周年暨冯汉骥教授百年诞辰纪念文集》，四川大学出版社，2001 年；赵殿增：《三星堆祭祀坑文物研究》，载《三星堆与巴蜀文化》，巴蜀书社，1993 年。

本都是杏仁式眼，而且无论大小，除极个别例证外，基本没有特别表现出眼仁。这种无睛之眼让研究者们不得其解，不知该由艺术表现方式还是由其他方面进行解释。青铜兽面的眼式有明显不同，有长形的，也有圆形的，眼中一般都有明确的眼仁，眼仁的形状也互有区别，各种眼形里可能包含有特别的内容，这些也都暂且没有明晰的解说。

三星堆青铜人首人面各类眼形自有独特之处，更值得关注的是大量单体眼和装饰眼的存在。它们原来可能是人面或兽面上的附件，由此更清楚地体现出古蜀人对眼睛图形的热情，表明眼形对他们是非常重要的一个象征。许多论者都讨论了这个问题，这里就不再细述了。对于三星堆这些眼形，过去的讨论多集中在那些凸眼的青铜面具上，多认为与蜀人纵目的传说有关，而对其他眼式的意义较少论及，这是因为现在要作深入探讨也有一定难度。

我们再细看青铜立人像，其实在它的周身也布满了眼形装饰，除了双眼兽面冠——天目冠，长袍下摆前后都有成组兽面装饰，均以环眼作主要构图。在半臂罩衣前后都有直行排列的眼目纹和成组横排的简化兽面纹，眼睛纹样成了立人外衣的主要装饰。立人四龙八眼立座上，龙（象？）眼形状与冠上眼形相同，均为两角尖而不曲的造型。布满眼目装饰的青铜立人，简直可以看成某种眼目的化身。或者换一句话说，这立人像是古蜀人崇拜眼睛的最好体现。

综上所述，眼睛崇拜在古代蜀人的精神世界中是一个核心所在。当然这种眼睛崇拜只是一个表象，人们崇拜的并不是单纯的眼睛，而是眼睛代表的另外的客体。那么，这个客体是什么呢？

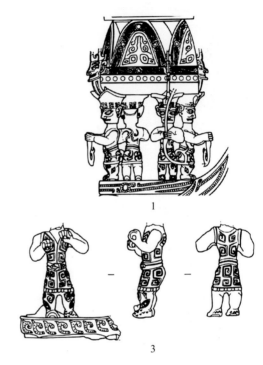

1

3

图 5　三星堆青铜人像上的眼形纹饰

　　　　　　　　　　　　　　　　　　　　　　　　日月崇拜

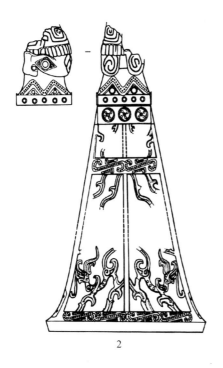

2

天目华冠

三、饕餮纹：一个也许要纠正的历史误会

商周青铜器上大量见到的兽面纹，通常被认作是饕餮的形象，在许多考古学论著中被称为"饕餮纹"。饕餮原以贪吃定义，杜预注《左传》说，贪财为饕，贪食为餮。其实青铜器上的兽面多数并不能以贪食作解，作为礼器上的兽面装饰，究竟是劝人戒贪还是劝神戒贪？好像都不是。礼器中盛着敬献给神的祭品，又去警告神不要太过于贪食，道理上不通。青铜器上的大多数兽面，仅仅只是表现双眼，很少出现大嘴巴，鼻子以下一无所见，无嘴又从何言贪食？

宋人《宣和博古图》最先称青铜器兽面为饕餮，根据是《吕氏春秋·先识》中"周鼎著饕餮，有首无身"一语。因为商周青铜器上所铸纹饰，很多确实"有首无身"，所以都被认作是饕餮。宋人并且还要解释说，铸饕餮的目的是"所以示戒也"，这可能是一个误会。其实兽面纹表现的并不是贪，而是一种威势与勇力，所以不能一概称为饕餮。何况铜器上还有不少带身子的兽形图案，有首又有身，它们并不能被排除在"饕餮"之外。实际上"无身"者只是有身者的简化图像，要将它们区分为两种不相干的图像是很困难的。

李济先生不赞成用饕餮这个名称，将青铜器上的这类纹饰总称为"动物面"。[1] 张光直先生则称为"兽头纹"，有单头和连身之分。[2]

1　李济、万家宝：《殷墟出土伍拾叁件青铜容器之研究》，"中研院" 历史语言研究所，1972 年。

2　张光直：《商周青铜器与铭文的综合研究》，"中研院" 历史语言研究所专刊，1973 年。

马承源先生径称为"兽面纹",以角的区别划分类型。[1] 陈公柔、张长寿先生进行研究时亦以"兽面纹"作名称,[2] 不再使用"饕餮纹"一词。虽然如此,许多论著在涉及青铜器纹饰时,仍然在使用"饕餮"这个名称,仍然以饕餮之名定义兽面纹。

在青铜器上的兽面纹中,也许确有《吕氏春秋》提到的饕餮,但是我们不能因此将所有的兽面纹都视为饕餮。我们注意到,《三星堆祭祀坑》报告的编撰者没有使用饕餮纹一词,而是以"兽面纹"描述青铜器上的纹饰。三星堆多数青铜兽面纹都不宜归入饕餮纹,青铜立人冠上的眼形自然不能称为饕餮,它是兽面纹。

据陈公柔和张长寿先生研究,无身兽面纹的最原始形式,是一对圆泡状乳钉,以表示兽面的双目,渊源可直溯到二里头文化,后来逐渐增添鼻角口耳眉,成为器官齐备的兽面。西周中期兽面纹出现向窃曲纹演变的趋向,兽面纹因此消失。不少窃曲纹还保留有眼目图形,所以又有学者称为变形兽面纹,是兽面纹的变体。[3]

眼目是兽面纹的主体,由于兽面纹一般只见有双目,它原本应当源自史前的眼睛崇拜。史前彩陶上有成对眼目纹,玉器上也有成对眼目纹。新石器时代晚期已经有了标准的兽面纹,也有了兽面纹的简化形式——眼目纹。

据汤惠生先生研究,萨满教中的天神同时也是太阳神,太阳神

---

1 马承源:《商周青铜器纹饰综述》,载上海博物馆编:《商周青铜器纹饰》,1984年。

2 陈公柔、张长寿:《殷周青铜容器上的兽面纹断代研究》,载《西周青铜器分期断代研究》,文物出版社,1999年。

3 陈公柔、张长寿:《殷周青铜容器上的兽面纹断代研究》,载《西周青铜器分期断代研究》,文物出版社,1999年。

往往被绘制成眼睛状，因为在诸多古代神话中，太阳被称为"天之眼"。如婆罗门教的太阳神，又称"天之眼睛"或"世界的眼睛"。他认为饕餮纹并不仅仅是一种兽面纹，饕餮当为天神或太阳神之属。[1] 日本学者林巳奈夫注意到二者实为一体：饕餮（帝）是从太阳那里继承了传统而表现为图像的东西。饕餮纹中对眼睛的强调，正是其作为太阳神——光明——特征的描述。[2]

那么，三星堆青铜立人戴着与太阳有关的天目冠，会不会与蜀人的太阳神崇拜有关？三星堆青铜器上的眼睛图形，它们所代表的客体会不会就是太阳呢？

另外值得注意的是，甲骨文和金文中的"蜀"字，是一只带着小卷尾的大眼睛，这个模样与三星堆立人像冠式的侧视图相同，也与一些同时出土的兽面颔下附带的眼形相同，这会不会是"蜀"字的本义？它原本就是飞翔着的大眼睛，而不是传统认作的蚕虫。

原文名为"三星堆青铜立人冠式的解读与复原——兼说古蜀人的眼睛崇拜"，发表于《四川文物》2004年4期。

---

1 汤惠生、张文华：《青海岩画》，科学出版社，2001年。

2 林巳奈夫：《中国古代的日晕与神话图像》，载《三星堆与巴蜀文化》，巴蜀书社，1993年。

补天奇法

　　煎饼是北方人的美味。传统的煎饼，其实就是卷饼，薄薄的圆饼卷起不同的肉和菜，用手直接拿着吃。由传统煎饼生发出来的还有各色馅饼，是改良的煎饼（图1）。

　　古代煎饼早先使用的原料，应当是小米，小米杂粮煎饼是古代北方人的常食之一。煎饼有悠久的历史，不少考古证据表明，饼食在中国史前已经出现多样化的发展趋势，史前人的盘中餐不仅有面条，还有煎饼、烤饼之类。仰韶人已经创制陶鏊之类的烹饪器具，煎饼已经有5 000年的历史。

　　后来各时代都出土饼铛，也发现有多幅不同时代烙煎饼的壁画，揭示了煎饼在历史上的真实存在。我们可以一面吃着煎饼，一面思考它的来历，由近及远，作一次煎饼溯源之旅，看看鏊子煎出了什么样的历史滋味。

　　清代煎饼，由蒲松龄《煎饼赋》可以见到："一翻手而覆手，作十百于俄顷。圆于望月，大如铜钲，薄似剡溪之纸，色如黄鹤之翎。"挺生动的描述，这是山东煎饼。山东煎饼，食时卷以大葱，有时也用肉荤，至今依然。清代陕西富平保留有历史上流传的煎饼补天的风俗，正月二十日屋宇上下都放置面饼，称为"补天地"，这是祈求风调雨顺吧。清代山西马邑一带，以二十五日为"老天仓"，吃荞面煎饼。

图1　旧北京风俗画煎饼图

图2　河南登封高村宋代墓葬壁画烙饼图

　　　　　　　　　　　　　　　　　　　　　　日月崇拜

明代刘若愚在《酌中志》说："二月初二日……各家用黍面枣糕，以油煎之，或曰面和稀摊为煎饼，名曰熏虫。"《宛署杂记》也说："用面摊煎饼，熏床炕令百虫不生。"这倒是很奇特的熏虫之法，熏的是蚂蚁臭虫之类吧。1967年泰安市省庄镇东羊楼村发现了一份明代万历年间的"分家契约"，其中记有"鏊子一盘，煎饼二十三斤"。分家要分煎饼，可知可以储存的煎饼，也算是一项财产呢。

元代的文献中明确记入荞麦煎饼，应当是山西地区的食风。《王祯农书·谷谱二》说：荞麦"治去皮壳，磨而为面，摊作煎饼，配蒜而食"。食煎饼佐以大蒜，与山东用葱大不相同。元代除一般煎饼外，已经有了加馅煎饼，如《居家必用事类全集》中记有七宝卷煎饼和金银卷煎饼，七宝卷煎饼是羊肉馅饼，金银卷煎饼则是鸡蛋卷饼，后者与今天能见到的煎饼果子差不多了。

宋代将煎饼用于一些特别的节令，如人日、天穿日、乞巧日，煎饼都有特别的用处。有些习俗应当是继承了前朝的传统，有些则是宋人的开创。宋人张鉴《赏心乐事》记不同节令食俗，提到"正月，岁节家宴，立春日春盘，人日煎饼"，人日食煎饼也是早有的传统。又见《岁时杂记》说："人日前一日，扫聚粪帚，人未行时，以煎饼七枚覆其上，弃之通衢，以送穷。"扔几个煎饼就当是送穷祈福，也是很特别的做法。煎饼补天见于李觏《补天》诗："娲皇没后几多年，夏伏冬愆任自然。只有人间闲妇女，一枚煎饼补天穿。"煎饼如何补天穿，我们放到后面再谈论它。煎饼用于乞巧节，也见于《岁时杂记》："七夕，京师人家亦有造煎饼供牛女及食之者。"七夕之时，京城人自己要吃煎饼，也要供祭牛郎织女，生怕他们会面时饥肠辘辘。

考古在河南登封高村宋代墓葬发现的壁画中，见到了一幅《厨娘烙饼图》，画面上有三位执事厨娘，一位在擀面，一位用铛在烙饼，一位端起烙好的饼要离开。由饼铛的样子看，应当是平面无沿的，只是这饼要先擀后烙，与煎饼工艺稍有不同（图2）。

辽代的煎饼在《辽史·礼志六》中可读到："人日，……俗煎饼食于庭中，谓之'薰天'。"在庭院中煎饼而食，叫作"薰天"，应当是薰走不好的运气吧。在古人眼里，煎饼的功力有如此之大。

煎饼在唐代的文献中记载不少，有的见于日常生活的描述，有的见于节令风俗的记述，也有的见于一些有趣的传说。唐代北方人多爱食煎饼，家户都能制作。《太平广记》引《河东记》有"夜邀客为煎饼"的记述，又引《山水小牍》说："夜聚诸子侄藏钩，食煎饼。"夜晚一面玩游戏，一面食煎饼，是很惬意的夜生活。这即是说，煎饼在日常生活中是寻常之物。

文人也爱煎饼，《唐摭言》说：唐人段维"性嗜煎饼，尝为文会，每个煎饼才熟而维一韵赋成"。一张煎饼熟了，一首诗也写成了。煎饼也进入宫廷膳食中，《唐六典》记述光禄寺备办百官膳食说，"三月三日加煎饼"，这是上巳节，煎饼被作为一款节令美食。又见《文昌杂录》说："唐岁时节物，元日则有屠苏酒、五辛盘、胶牙饧，人日则有煎饼，上元则有丝笼。"人日食煎饼，也是古代风俗。

南宋陈元靓《岁时广记》"系煎饼"一节，引用了李白诗句"一枚煎饼补天穿"，可见唐代也有天穿日之说。不过这里有一个疑问，李白吃过煎饼也许不必生疑，但他真写过这样的诗句？兴许他吃过煎饼也写过诗，可是唐诗里未见，那这一句"一枚煎饼补天穿"，真

　　　　　　　　　　　　　　日月崇拜

的是他的诗句么？前文提到北宋李觏的诗中，有这么一句"一枚煎饼补天穿"，是陈元靓误植了诗句，还是李觏借用了李白的诗句呢？一张小煎饼，可以补起一个天洞，真是一个绝妙的创意。

煎饼普遍进入唐代人的生活，从有关文献中提到的煎饼故事中可以看得很明白。宋孙光宪《北梦琐言》录入了这样一个故事：在唐长安，有人以廉值买到一块低洼地，他请老妪在地边煎饼，诱使儿童向低洼地抛砖瓦，投中纸标者得一煎饼。儿童抛砖瓦博煎饼，不久砖瓦填满了低洼地，那人盖起店子，也赚了大钱。以煎饼诱使孩童捡砖瓦填平洼地，被古人看作是"智慧"之举。

世人爱煎饼，也将鬼的馋劲带出来了。唐人爱说鬼，许多鬼话中也出现了煎饼。在《北梦琐言》中就记有几个"煎饼招鬼"的鬼话，说"夜作煎饼，多招鬼神"。又见《酉阳杂俎》，说陵州龙兴寺某夜寺僧十余吃煎饼，有鬼怪"乞一煎饼"。说鬼爱煎饼，还是在说人，美食人鬼同嗜矣。

两晋时代有煎饼，而且还被赋予特定意义。隋人《述征记》说："北人以人日食煎饼于庭中，俗云薰天。"这话本出自南梁宗懔《荆楚岁时记》的记述："北人此日食煎饼，于庭中作之，云薰天，未知所出。"此日指正月七日人日这一天。前面说过，后来也有用煎饼薰天薰虫的说法，风俗流传了千年。

南北朝时还有一则煎饼入谜语的故事。北齐皇帝高祖以"卒律葛答"为谜面，有人猜出是煎饼。卒律葛答可能是突厥语，译成汉语是前火食并，或说是汉语，正反切而得这四字，前火和食并正好组成煎饼二字。

在甘肃嘉峪关发现一批魏晋时代墓葬，出土大量彩绘砖画，很

图3 甘肃嘉峪关魏晋墓出土砖画煎饼图

右为局部放大图

图4 青海喇家村齐家文化遗址壁炉

图5 仰韶文化饼铛

日月崇拜

多画面都表现了当时的厨事活动，其中就有两幅摊煎饼的图像，其中一位厨娘双手举起煎饼，好像觉得煎得不错呢（图3）。

汉代没有明确的文献记载说到煎饼，但是饼是有的，其中应当有煎饼。例如我们知道高祖刘邦老家丰，那里是有饼店的。那个地方靠近今山东地界，所以那饼店售卖的未必没有煎饼。据《西京杂记》记载，汉高祖刘邦定都关中，跟着他到长安的老父太公思念故里，闷闷不乐。刘邦令在骊邑仿故乡丰地的街巷布局，为太上皇重筑新城，将故旧迁居于此，太上皇这才高兴起来。这是一次非常成功的远距离搬迁重建工程，煎饼店也随着搬迁，总设计师也名垂青史了。

由汉代再往前溯，没有发现煎饼存在的线索。不过再往前跨越三千年，到了史前时代，又有了意想不到的发现。在青海民和喇家村齐家文化遗址，发掘出4 000年前的一些窑洞式房址，有些房间的一角用石板建有壁炉，这些壁炉应当可以用于烙饼。当时已经制成了小米面条，小米煎饼也可能有了（图4）。

考古证实，仰韶文化居民已经创制有烙饼的陶鏊，年代最早的饼鏊是在5 000年前的遗址中发现的，是用陶土烧成的。河南荥阳点军台和青台两处仰韶文化遗址，发掘到一种形状特殊的陶器，陶土夹砂，上为圆形平面，下附三足或四足，底面遗有烟炱。发掘者称这种器物为"干食器"，以为是"做烙饼用的铁鏊的始祖"。这推论是不错的，它确确实实就是陶饼鏊，当时做成的也应当是小米煎饼（图5）。

北方一些地区流行现做现卖现吃的煎饼果子，煎饼标准的煎锅称为鏊，面平无沿，三条腿，或就是一块方圆不同的平铁板。正规

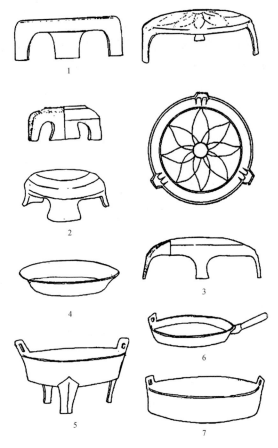

图 6　考古发现的煎饼鏊

1. 史前（距今约 5 500 年）　2. 辽代（距今约 1 000 年）　3、7. 西夏（距今约 900 年）

4. 宋代（距今约 900 年）　5. 元代（距今约 700 年）　6. 金代（距今约 700 年）

　　　　　　　　　　　　　　　　　　　　　　　日月崇拜

的烙饼平底锅称为饼铛，是煎饼、烙饼的利器。《说文句读》说："鏊面圆而平，三足，高二寸许。"可见鏊在古代，是专用于烙饼的炊器。

有鏊就有煎饼，由饼鏊的产生可以追溯煎饼、烙饼的起源。考古陆续发现一些古代的鏊和铛，除了距今 5 000 多年的史前陶鏊，还有属于辽、宋、金、西夏和元代的铁鏊和铜鏊（图 6）。

煎饼是一种面食，也是最有历史感的面食。过去一些学者认为古代中国的饮食传统是粒食传统，面食传统起源较晚，汉代才较为普及。有人还认为面食技术是汉代自外域传入的。这些说法显然过于保守了。我们发现新石器时代就有烙煎饼的陶鏊，说中国古代面食传统起源较晚的观点不攻自破。

煎饼也是极有文化感的面食，可以充饥，还可以补天，可以陪我们度佳节，用处好大。煎饼也在不断变化改良中，有新的样子，有新的口味，它是我们饮食中不可或缺的角色。古代不少特色食物都兼具滋养身心的作用，它们被分派到不同的节令中，如上元的元宵、端午的粽子、中秋的月饼、冬至的饺子、夏至的面，还有人日和乞巧的煎饼，文人情怀化作了全民情怀，这些食物也就化成了鲜明的历史文化符号。煎饼是其中体量最大的一个符号，正月初七别忘了吃，也别忘了补天。

本文原名"煎饼：鏊子煎出的历史滋味"，发表于《光明日报》2016 年 11 月 4 日 8 版。

月里情怀

今人不见古时月，今月曾经照古人。

古人今人若流水，共看明月皆如此。

——李白《把酒问月》

明月一轮，在古人和今人的心里有着一样的位置。古人对月亮的情怀，并不亚于对太阳。

月亮的柔美与纯净，月亮的半弯与圆满，给了古人许多情感慰藉。我们为月亮备了多个节日，为的就是借月抒怀，将欢喜与忧愁都寄托在月亮上。

在我国，一年安排了三个与月亮有关的全民节日，元宵、乞巧、中秋，分布在春、夏、秋三季，其中两个与圆月有关，一个与新月有关。元宵与中秋都有赏月的主题，圆圆的月亮，带给人们的不仅有心灵慰藉，还有情感升华。

月神之问

对月亮的神往，催生了月亮神话，许多民族都有月神信仰，古中国也不例外。

千年流传的月神中，也许常驻妇孺心里的，是奔月的嫦娥。据《山海经》所述，帝俊有妻名常羲，生月十二，是为月之神。可又有神话说嫦娥是尧帝女，羿之妻，本名姮娥。在有她奔月的传说后，与更古老的常羲混同，才被称为嫦娥。

有人说嫦娥不是最早的月神，常羲才是。但有人考证，常羲、常羲、姮娥、嫦娥其实同为一人，常、嫦、姮音义相通，羲、羲、娥音义同一。

嫦娥奔月的传说，据《淮南子》所说，羿到西王母处求取长生不死之药，嫦娥先吃了，然后逃到月亮里变作一只蟾蜍，成为月精。这个说法更早来自《归藏》："昔常娥以西王母不死之药服之，遂奔月为月精。"

汉画上似乎也发现有嫦娥的身影，河南南阳的一方汉画像石上绘有一蛇身人像，似乎正朝蟾月飞翔。这位翔者被很多人认定为传说中的嫦娥，这图也就有了"嫦娥奔月"的名称（图1）。只不过月中已经驻了一只蟾蜍，那嫦娥还能化成另一只么？

其实，她可能不是嫦娥，而是另一位传说中的月亮女神——女娲。汉代人在画像石与画像砖上，将始祖伏羲与女娲分别定义为日神与月神，他们的形象与日月同辉。这样的汉画在很多地方都有出土，伏羲捧日，女娲捧月，担起重任，看起来很辛苦的样子（图2）。

当然，也有人考论，说女娲和嫦娥是一回事，这好像不太容易让人信服。你想啊，别的不论，伏羲、女娲可是兄妹成婚，而嫦娥的丈夫明明是羿，各各有主，不可合二为一。

有趣的是，到了唐代，与日月同辉的伏羲和女娲，他们仍然灿

图 1　汉画中的"嫦娥"

图 2　汉画中的伏羲与女娲

　　　　　　　　　　　　　　　　　　　　日月崇拜

烂如汉时，如在吐鲁番发现的二神画像。稍有不同的是，这二神的形象有了明显改变，兄留着胡须，妹抹红脸蛋，已经是西域人的标准模样了（图4）。

不论怎么说，是女娲和嫦娥给月亮带来了活力，让人们的精神有了一个美丽的寄托之所。

唐宋时代的诗人们，大约不大谈论羲、娲兄妹，到是常常写到月里嫦娥，如唐代孙蜀有中秋诗曰："不那此身偏爱月，等闲看月即更深。仙翁每被嫦娥使，一度逢圆一度吟。"月一圆，就想起了嫦娥。又有宋代陈远的中秋诗曰："世间八月十五夜，何处楼台得月多。不及吴江桥上望，水晶宫殿揖嫦娥。"中秋佳节揖拜嫦娥，也是赏月的一个理由。

图3　唐代月宫婵娟铜镜拓本

月里情怀

图 4　唐画中的伏羲与女娲

日月崇拜

甚或还有诗人将心比心，为嫦娥抱屈，如唐李商隐《嫦娥》诗说："嫦娥应悔偷灵药，碧海青天夜夜心。"又如宋人晏殊《中秋月》诗说："未必素娥无怅恨，玉蟾清冷桂花孤。"月圆之时，想到嫦娥那样孤寂，又多了一个浇酒的由头。

月在中秋明，中秋之乐在乐月，到今天依然以明月为中心，不过嫦娥不知不觉中也渐渐隐没（图3）。

唐人爱月

中秋之夜赏月，至迟在唐代已成风气，虽然当时还没有中秋节。

唐人爱中秋月色，可举两诗为证。一为司空图的《中秋》诗："闻吟秋景外，万事觉悠悠，此夜若无月，一年虚过秋。"一为曹松的《中秋对月》："无云世界歌三五，共看蟾盘上海涯，直到无头天尽处，不曾私照一人家。"

《开元天宝遗事》记载说："苏颋与李乂对掌文诰，玄宗顾念之深也。八月十五日夜，于禁中直宿，诸学士玩月，备文酒之宴。时长天无云，月色如昼，苏曰：'清光可爱，何用灯烛？'遂使撤去。"玩月即是赏月，赏月之时，月光月影最是可爱，用不着灯烛争辉。

唐人中秋为节，有人说与唐玄宗有关。

依《旧唐书》和《唐会典》记载，"开元十七年八月五日，左丞相源乾曜、左丞相张说上表，请以是日为千秋节，著之甲令，布于天下"，定每逢此日，朝野同欢，"天下诸州咸令宴乐，休假三日"。虽是天下同乐，可玄宗生日是八月初五，月亮未出来，与中秋无涉。这千秋节后来又改为天长节，千秋万岁，天长地久，都是一回事，也还都不是月亮节。

到安史之乱发生，玄宗不得不退位，肃宗李亨登基。肃宗的生日是九月三日，晚玄宗太上皇近一月，两节靠得很近，朝廷设计用居中的八月十五庆生，仍称天长节。到代宗、德宗时，也都延续了八月十五庆天长节的传统，中唐以后不再有什么庆祝活动，这个为帝王庆生的节日逐渐淡出。

玩月中秋

中秋时，文人们更喜欢月亮下的山水。

唐代刘禹锡有两首写八月十五的玩月诗，一曰："碧虚无云风不起，山上长松山下水。群动倏然一顾中，天高地平千万里"；一曰："天将今夜月，一遍洗寰瀛。暑退九霄净，秋澄万景清。星辰让光彩，风露发晶英。"

又有曹松《中秋对月》诗："无云世界秋三五，共看蟾盘上海涯。直到天头天尽处，不曾私照一人家。"还有张祜《中秋月》诗："一年逢好夜，万里见明时。……人间系情事，何处不相思。"

将太平理想、亲情友爱寄予月光，是完全不同于皇家自得其乐的人伦情怀。

随着唐王朝的衰落，天长节不再举行，不过八月十五半秋之日，却演变成了一个与皇帝无关的民俗节日，即真正的中秋节。

到北宋时，中秋节便与春节一样，在民间成为备受重视的节日。

有人说大宋市民将中秋节变成了全民的狂欢节，白天有相扑、游泳、登山、拔河、击鞠等活动，晚上以玩月为事。宋代罗烨的《新编醉翁谈录》说："京师赏月之会，异于他郡。倾城人家子女，不以贫富，自能行至十二三，皆以成人之服服饰之。登楼，或以中庭焚香拜月，各有所期。"赏月，拜月，将自己的心事寄予月中。

南宋孟元老在《东京梦华录》中明确提到中秋节，他这样写道："中秋节前，诸店皆卖新酒，重新结络门面彩楼，花头画竿，醉仙锦旆。市人争饮，至午未间，家家无酒，拽下望子。……中秋夜，贵家结饰台榭，民间争占酒楼玩月。丝篁鼎沸，近内庭居民，夜深遥闻笙竽之声，宛若云外。闾里儿童，连宵嬉戏。夜市骈阗，至于通晓。"

吴自牧在《梦粱录》中也记述说："八月十五日中秋节，此日三秋恰半，故谓之'中秋'。此夜月色倍明于常时，又谓之'月夕'。此际金风荐爽，玉露生凉，丹桂香飘，银蟾光满。王孙公子、富家巨室，莫不登危楼，临轩玩月。"

苏东坡在中秋欢饮达旦，大醉之时，作《水调歌头》，抒发思亲之情，铸就千古名篇："明月几时有，把酒问青天""人有悲欢离合，月有阴晴圆缺，此事古难全。但愿人长久，千里共婵娟"。端起酒来，敬一回江中之月。这些句子也就成了千古绝唱。

"千里共婵娟"，千年共婵娟，古人今人共明月，今月曾经照古人。

早先南朝人谢庄《月赋》中，就有"隔千里兮共明月"的句子。中秋对文人们来说是借景抒情的好时节，对布衣百姓来说也是一年中的好日子。中秋观月，也要享用一些特别的节物，在古代主要有玩月羹、月饼、桂花酒等。等到月饼当了家，玩月羹渐渐被忘却了。

名字奇特的玩月羹，见于五代宋初陶谷的《清异录》，也见于宋郑望之的《膳夫录》："中秋，玩月羹。"

玩月羹是何等滋味，今天已无从知晓，只能揣测也许是鸡蛋羹之类，或许有像月之形，可能是浇汁鸡蛋饼。不过据烹饪史家研究，玩月羹是以桂圆、莲子、藕粉等为原料烹成的，据说百年前岭南一带仍有玩月羹应市。

图 5　西施玩月羹

苏菜中的一款"西施玩月"，也许有古时玩月羹的遗味。它是在煮鱼圆的锅中放入火腿片、笋片、香菇、绿叶菜烧沸捞出，排放在鱼圆上面（图 5）。虽不知西施何在，也不明哪是月亮，却可以给人想象吧。

舌上月圆

作为中秋特色点心的月饼，可能在唐时已经有了。新疆吐鲁番唐墓中出土了一些保存很好的面食点心（图6），其中的一些花式点心与当今月饼印纹相似，也应当是以木模印成的。这个发现也证实，印花点心出现很早，

图 6　新疆吐鲁番出土唐代宝相花月饼

是月饼工艺的核心所在。

南宋吴自牧的《梦粱录》"荤素从食店"中出现了"月饼"名称，不过这月饼可能只是一般点心，与中秋无关。周密《武林旧事》中，月饼列在"蒸作从食"中，也不是中秋特色，与后来的月饼不同。

元末明初陶宗仪《元氏掖庭记》中有"仲秋之夜，……当其月丽中天，彩云四合，帝乃开宴张乐，荐蜻翅之脯，进秋风之鲙，酌玄霜之酒，啖华月之糕"的句子，其中"华月之糕"当与月饼相似。

明代田汝成的《熙朝乐事》说："八月十五谓之中秋，民间以月饼相遗，取团圆之义。"而《帝京景物略》则说："八月十五日祭月，其祭果饼必圆，分瓜必牙错瓣刻之如莲花。……月饼月果，戚属馈相报，饼有径二尺者。"这是真正的中秋月饼。

月饼也谓之团圆饼，刘若愚的《酌中志》说："至（八月）十五日，家家供月饼瓜果，候月上焚香后，即大肆饮啖，多竟夜始散席

图7　清代"龙凤呈祥"大月饼模

月里情怀

者。如有剩月饼，仍整收于干燥风凉之处，至岁暮合家分用之，曰团圆饼也。"月饼在明代有了团圆之意，将浓浓的亲情融入月中，也使得中秋节的传统得到进一步弘扬。

清代的月饼，有时直接就做成传说中的月亮形状（图7），《燕京岁时记》说："中秋月饼……大者尺余，上绘月宫蟾兔之形，有祭毕而食者，有留至除夕而食者，谓之团圆饼。"这大月饼，放到除夕去吃，也还是为着团圆的期冀。

自清代起，中秋节的饮食活动多以家庭为单位进行，以增进长幼亲情；也要在亲邻间互赠节物，联络彼此感情。清代江苏句容地方，八月中秋办饼筵，大会亲朋。《京都风物志》则述及家庭赏月宴，中秋夜拜月礼毕，家中长幼咸集，盛设瓜果酒肴，于庭中聚饮，谓之团圆酒。中国人追求的中秋之意境，就是家人亲朋的团圆与亲近。

置身在月光里，体味古人诗情，品尝月饼滋味，向着圆月许下心愿，这八月十五的中秋节，味道足矣。

本文原名"对月寄秋思"，发表于《中国文物报》2018年9月21日5版。

心的旅行

　　吾心及至尔心的距离，可以是灵犀一点通，也可以是天壤之遥。

　　此心及至彼心的距离，可以心心相印，并无山海之隔。

　　从凌家滩到邻家山，山山水水，万里千年，心的旅程，不觉遥远，也不觉艰难。

　　凌家滩，在安徽含山。

　　邻家山，是塞外的牛河梁，是台湾岛的阿里山，是美洲的玛雅丛林。

　　邻家河，是苏美尔人的两河，是古埃及的尼罗河。

　　前航空前航海前轱辘时代，用双足去跋涉，旅程好远好远。

　　从六千年三千年到几百年，用十指来掐算，时间好久好久。

　　从地球正面到背面，从古到今，若是让心去旅行，这距离这年代都不算什么，倏忽之间。

　　心路迢遥。

　　设若心的旅行，从凌家滩启程，只带上两件宝物便可畅行无阻。

　　一件是玉人，正冠束腰双手扪胸；

　　一件是玉鸟，昂首展翅身饰八角纹。

　　祖玉、神玉、灵玉，通祖、通神、通灵。

　　曾经问起：知是谁？

图1 安徽含山凌家滩出土玉人

图3 辽宁凌源出土玉鸟

图4 台湾所见近现代石刻

图2 安徽含山凌家滩出土玉饰

图5 玛雅文化距今约2 000年的陶徽

问问你，知是谁，

方方颐，弯弯眉，

平平冠，腰紧围，

手扪心，目睽睽，

端端立，衣如水，

谁知，知是谁（图1）。

也曾经问起：这是啥？

双翅平展，化兽欲飞。

图6　有八芒星太阳的莎草画

钩喙瞠目，气宇巍巍。

宇天八角，煌煌辉辉（图2）。

心的旅行，当停留在了塞北的牛河梁，在一座石冢发现了墓中玉人。

手扪心，端端立，那心跳的节奏，竟是暗合着遥远的凌家滩。

还有一只玉鸟儿，也是那样钩喙瞠目，回首瞻望，只是掩去了八角星儿（图3）。

思想起这样的旅行，当初是如何跨越这山水平畴？

心的旅行，原来并无阻挡，如风如云，如气如虹，阳光先导，祖灵引领，程程通畅。

心的旅行，停留在了海中的阿里山，见到了耸立的木人石人（图4）。

聚神凝目，束腰紧腕，双手并举在胸前，这站姿的肃穆竟与凌家滩仪轨雷同。

这是族人信奉的神圣祖灵，沟通着神界与人界。

这让人心生疑问，这仪轨莫非真的是来自凌家滩？

这是凌家滩玉人的放大版，凌家滩人原本应当雕刻过大版的祖灵像，墓中玉人是微缩版。

心的旅行，停留在了玛雅丛林，见到了胸佩八角星徽的战神，这居然也是一只钩喙瞠目展翅欲飞的大鸟（图5）。

心的旅行，停留在了两河，苏美尔人的鹰翼八星太阳轮，与玛雅，与凌家滩一样明亮。

心的旅行，停留在了尼罗河，见到了古埃及八芒星太阳的莎草画，太阳之亮，天下同光（图6）。

　　　　　　　　　　　　　　　　　　　　　日月崇拜

飞鸟，八角星，明明契合凌家滩人的匠心。

由旧大陆到新大陆，心随着八角星，随着大鸟一起飞翔。

从凌家滩启程，经千年万里，心的旅行到达的地方，就这样留下了深深的印记。

千年万里，日月山海，心路迢遥。

本文原名"心的旅行——从凌家滩出发"，发表于《光明日报》2016 年 6 月 17 日第 5 版。

八角之谜

在新石器时代的陶器上，有一种特别的装饰图案，有的刻画，有的彩绘，绘出一颗八角星的图案，它让研究者百思不解。

湖南安乡县汤家岗大溪文化陶器上压印有八角星纹（图1）。

上海青浦崧泽文化陶器上刻划有八角星纹。

图1　湖南汤家岗陶器上的八角星纹

江苏邳县大墩子大汶口文化陶器彩绘有八角星纹。

山东兖州王因遗址大汶口文化陶器彩绘有八角星纹（图2）。

江苏吴县澄湖遗址良渚文化陶罐刻划有八角星纹（图3）。

……

更引人注意的是安徽含山凌家滩遗址的发现。这处遗址出土了许多新石器时代玉器，其中有两件玉器上刻有八角星纹。一件为片状玉版，正中刻一大圆圈，圆圈中再刻一小圆圈，中心刻八角星纹（《心的旅行》图2）。另一件为鹰形饰件，鹰胸位置刻有一个圆圈，

图2　山东兖州王因彩陶

图3　良渚文化陶罐

图 4　安徽含山凌家滩玉版

圆圈内再刻一颗八角星（图5）。

　　凌家滩八角星鹰形玉饰备受关注。玉饰被人们看作凌家滩人的太阳神徽，它的外形是一只展翅飞翔的鹰鸟，鸟翅变化为兽首模样，更增添了许多神威。最神秘的是那中心位置的八角星纹，有人说那就是太阳的象征。

　　也许真是这样，因为美洲古代阿兹特克人的太阳神，也以八角星作为象征。他们还有八角眼的神像，八角纹可真不简单。

　　也有人说，这八角星纹表示的是早期的八卦图，有的少数民族将八卦直呼为"八角"，他们的服饰上装饰有与史前时代完全相同的八角星纹图案。

　　也有人说，带有八角纹的玉版是古老的"河图洛书"。

　　也有人说，那八角纹是古人用于观察太阳时辰的。

还有人说，那八角纹是原始织机的一个象征。

无论怎么看，八角星纹都是远古透露给今人的一个重要信息。虽然人们以为已经懂得了它的含义，但对于它的解释却常常针锋相对，它现在仍是一个谜。也许它真的与太阳观测有关，不过现在还不是下最终结论的时候。

图1　成都金沙出土太阳神鸟金箔

图2　文化遗产标志

　　　　　　　　　　　　　　　　　　　　　　日月崇拜

神鸟旋日

我们的时代，已经是一个崇尚标志的时代。在现代都市，张开眼睛一望，你很容易见到一个又一个图形标识，这就是 logo。

logo 设计将具体的事物、事件、场景和抽象的精神、理念、方向结合，通过特殊的平面图形固定下来。人们看到 logo 标志，自然而然产生联想，从而对 logo 所代表的行业及其产品产生认同。logo 标志是行业日常经营活动、广告宣传、文化建设、对外交流必不可少的元素，它随着行业的成长，不断增加其自身价值。

在现代社会，标志并不仅仅是企业形象的代表，它还深入各个领域。行业协会、团体机构、学校以及非营利性组织，甚至是某个商品，都有可能设计标识，都可以拥有自己特定的 logo。

我国文化遗产保护事业不断向前发展，也需要一个象征性标志来作为号召。有关机构，许多学者，都开动脑筋，想设计一个理想的文化遗产保护标志。当然这并不是一件很容易的事，不是随便一个什么图案就可以取来做标志的。既然是设计文化遗产保护标志，人们首先想到的是从现成的文物图像上提取典型元素进行设计。这个思路是对的，不过文物资料也实在是太丰富了，前后有上千个文物图案提炼成的图案供选择，而成都金沙村出土古蜀时代金箔上的太阳神鸟图案，很自然地成为标志的首选（图 1）。

国家文物局已经正式公布，采用金沙"四鸟绕日"金箔图案作为"中国文化遗产标志"（图2）。

　　公告说："太阳神鸟图案表达着追求光明、团结奋进、和谐包容的精神寓意，而且构图严谨、线条流畅、极富美感，是古代人民天人合一的哲学思想、丰富的想象力、非凡的艺术创造力和精湛的工艺水平的完美结合。它的造型精练、简洁，具有较好的徽识特征。"这个选择没有什么争议，因为这个图案打动了我们。

　　国家文物局最终确定中国文化遗产标志上方采用简体中文"中国文化遗产"；下方采用汉语拼音"ZHONGGUOWENHUAYICHAN"，或者用英文"CHINACULTURALHERITAGE"。标志的标准色彩为金色，也可根据不同需要使用其他颜色。标志核心位置的金饰文物图案，除配合文字使用外，也可单独使用。国家文物局2006年2月发布《中国文化遗产标志管理办法》的通知，规定使用中国文化遗产标志，应当根据颁布的式样，按比例放大或缩小，不得更改图形的比例关系和样式。

　　3 000年前，金箔上形成太阳神鸟图案，3 000年后的今天，我们就这样拥有了中国文化遗产标志。这太阳神鸟图案是古蜀人留给今人的珍贵艺术遗产，解读它，理解它，自然成了研究者们一个重要的课题。

　　成都金沙遗址出土大量金质文物，古蜀王喜欢用黄金装点自己的生活。当然喜爱黄金在古代并不是古蜀人独有的特质，历史学家说过，希腊和罗马的历史就记载在黄金上。黄金是人类较早发现和利用的贵金属，因其稀有而倍显珍贵。在中国，黄金自古以来就被视为五金之首，被称为"金属之王"。黄金的颜色最是吸引人，金黄色同阳光一般灿烂。

被称为"太阳神鸟"的金箔，是一领圆环形的箔饰，外径 12.5 厘米，内径 5.29 厘米，厚度为 2 微米，重约 20 克。太阳神鸟图像如同一幅现代剪纸，图案规整，构图严谨，非常精美。

金箔采用热锻、锤揲、剪切、打磨、镂空等多种工艺技法，以简练和生动的图像语言，表现了一幅十分美妙的图景，无论是在纹饰的布局结构上，还是在细枝末节之处，都是那样一丝不苟。图案纹饰分为内外两层，内层中心镂空，内有十二条弧状芒尖呈环形排列。外层四只正在飞翔的鸟首尾相接，环绕金箔一周。

也许这图案只有一种解释，空灵的中心象征太阳，弧状芒尖则象征太阳四射的光芒。环绕着太阳飞翔的四鸟，带动太阳转动。美好的创意，精致的制作。但金箔上果真是太阳与太阳鸟图像吗？

金箔上的太阳之形，设计成一个旋动的天体。聪明的古蜀人，他们想象太阳是在旋动中升起的。旋转的太阳，炫目的光芒。金箔上的太阳，其实是用旋动的炫目的光芒衬托出来的，太阳的本体已经隐去。古蜀人的这一艺术表现，又体现了另类更高更美的境界。

太阳神鸟金箔外围环飞着四只鸟，让一些学人想到《山海经》中的一则神话，"帝俊生中容……使四鸟"，说的是飞速旋转的太阳，是由四只神鸟托负着在天上飞的。于是研究者相信，金箔形象地展现了这则古老的"金乌负日"神话。

太阳在天上由东向西运动，动力何在？古人很自然地想到了鸟。在他们的认知里，只有鸟才有本领在空中翱翔。于是，人们这样想象，一定是会飞的鸟带着太阳越过天空，太阳一定有神鸟相助，神鸟即阳鸟。

神鸟旋日

根据《山海经》等古籍所述，古代中国神话中的十个太阳是帝俊与羲和的儿子，它们有人与神的特征，是金乌的化身，是长有三足的乌，是会飞的太阳神鸟。神话说，十日每天早晨轮流从东方扶桑神树上升起，化作太阳鸟，由东向西飞翔，晚上则在西方若木神树上休息。有人说三星堆出土的青铜神树，就是古代蜀人心中的通天神树，是十日神话传说中扶桑与若木的象征。青铜神树上的三层树枝上共栖息着九只神鸟，大概就是古蜀人想象中太阳精魂日中金乌的形象。

在中国，太阳鸟的传说究竟有多古老，我们并不十分清楚。不过有人认为，仰韶文化彩陶中所绘鸟纹背上有太阳图案，似乎表示鸟背负着太阳在飞旋，同时还见有鸟居日中的图像，这表明太阳鸟的神话传说在彩陶时代就已经相当完备。这是 6 000 年前的事情。再往前追溯，是否会有更早的太阳鸟神话，眼下还不会有明确的答案。

崇拜太阳，是古代蜀人精神生活的重要内容。太阳神鸟金箔纹饰，生动地记录了古蜀时代的太阳崇拜，其中包含的更多信息还有待进一步了解。金沙出土的太阳神鸟金箔，以它的神秘和它的精致，向人们展示了古蜀人的智慧与魅力。

太阳神鸟金箔上的太阳之形，用十二条弧形光芒表现旋转的形态，创意独特。太阳光本应是直直的放射形，怎么会用旋转的构图表现呢？

不论在古代还是在现代，旋形表现力很强且极具魅力。在更早的史前彩陶上，我们见到许多旋式图案，那旋动的韵律感是那样强有力，它们很容易让我们联想到太阳。我们看到现代的广告画和一

　　　　　　　　　　　　　　　　　　　日月崇拜

些标识，也将太阳画成一个带有光芒的螺旋形，而这样的螺旋形太阳图案早在史前陶器上就能见到。

在甘肃永靖瓦渣嘴遗址出土的辛店文化彩陶上，太阳被绘成螺旋形，太阳周围的光芒也被绘成旋形（图3）。台湾台南六甲顶大湖文化遗址，也发现了螺旋式太阳纹陶片，残陶片上分两排刻划着不少于十个旋形太阳图案。在古代青铜器上见到的囧纹，也是一轮旋动的太阳。也许在古代画工的眼中，太阳就是具有旋转神力的天体，太阳飞速旋转着，它的光芒也随着旋转放射出来。

我们还发现大量商周青铜器上的兽面纹，以各式旋线（回纹）为地纹。陕西发现的秦代瓦当上，也印有带着旋形光芒的太阳纹。我们也看到魏晋时代彩绘画像砖上，女娲手举的月亮中绘一蟾蜍，四足双眼的蟾蜍身体为一非常简略的螺旋形。

彩陶之旋，神面之旋，日月之旋，在这些旋动的节律中，我们对于古今一脉相传的认知方式有了更多的了解。也许这样的艺术品并不是古代东方独有的创造。美洲古代阿兹特克人的太阳神徽，在太阳中心的鸟身，也有一个旋动的螺旋形，它也标志着旋飞的太阳（图4）。

我们很难明白，远古时代的人们是如何想象太阳运行的规则的，我们更惊奇那样一种超时代的艺术表现。现代人不时画出类似的酷太阳，广告、商标乃至儿童绘画，常将太阳绘作旋形，这是今人的旋纹情结，也是古人旋纹情结的延续，也许可以看作古代太阳崇拜观念的历史延伸。

天体都是以旋转的方式运行的，以现代人对天文学的认识，描绘出天体的旋转形态，是很自然的事，但是我们的先人，在4 000

图 3　辛店文化彩陶上的太阳纹

图 4　阿兹特克太阳神徽

日月崇拜

多年前，就开始用我们今天的方式描绘日月的旋转，如果不是他们已经有了同我们一样的认识，不会有这些旋转的日月图形留存到今天。人类应当很早就想象到，日月是以旋转的方式运行的，旋形日月图不仅表现了两大天体的形态，而且更形象地表现了它们运行的状态。

太阳神鸟金箔从图案构思上看，是要表现一种旋转的状态。这是一种特别的创意，不平凡。我们知道，在圆周上艺术地表现循环往复的意境，在平面中表现彼此认同的动感，这在 3 000 年前，应当不是很难的事情，因为在此之前陶器与铜器制作中，已经打下了很好的基础。器物表面纹饰呈现出的律动感，在史前时代并不鲜见，但像太阳神鸟金箔图案上，运用纹饰间的互衬互动表现主题，却是在金沙人之先还未见过的独特的艺术创意。

金箔上的太阳图形，是用向右旋转的芒弧间接地衬托出来的，芒弧形成一轮无形的太阳，构思非常巧妙，也罕见。旋转的太阳图形，在一些时代更早的文物上也曾见到，有的绘成太阳本体的旋转，也有的用弧线表示。太阳神鸟金箔图案不仅用芒弧表现太阳向右的旋转，而且还以四鸟的反向运用作为衬托，加强了旋动着的太阳的视觉效果。图案外圈四鸟的左旋，与内圈十二芒尖的右旋，形成一种动态的对照，互衬中出现互动的效果，这是一个很好的创意。

人类对天体运行的观察，应当从史前时代就开始了，《春秋纬·元命苞》说"天左旋，地右动"，未必就没有包含史前的认识成果。中国古代天文学关于天体运行方式的描述，有左旋说和右旋说的分歧。古人以地球为静止状态，观察其他天体，所观察到的天体运行为"视运行"。视运行是直观的体验，不论体验到左旋还是右旋，无疑天体是旋动的，这种体验最早可能史前就出现了。

回过头来，再看金沙太阳神鸟金箔上的旋形太阳光芒，觉得它表现的也应是太阳旋转的状态。古蜀人对太阳运行的方式已经有了自己的猜想，他们一定知道或者接受了天体旋转运行的知识。

金沙太阳神鸟金箔外围图案中的四只飞鸟，一定就是神话中所说的阳鸟。我们或者可以这样设想，古代的工匠和画工们，一定是在这样的神话中得到了创作的灵感：神鸟带着太阳飞翔，使太阳每天不停运行。许多民族都以为只有飞鸟才是太阳的使者，作为太阳使者的各种神鸟形象遍布世界，它们深深地烙印在人们的脑海里。在现代的一些艺术品中，也能见到神话中太阳鸟的形象（图5），它们都是古代流传下来的艺术传统的体现。

在古代社会，太阳鸟是无处不在的精灵。

在阳光下繁衍生息的史前人类，以最虔诚的心灵，向未知的世界表达纯洁的心声。无限的宇宙，神秘的苍穹，光明的太阳，孕育人类的生命，塑造人类的灵魂。那翱翔天际的鸟儿们，是最有资格接近太阳的，只有它们才能将人类的虔诚与感戴传递给万能的太阳。于是在太阳崇拜出现之时，可能就有了太阳鸟崇拜。

阳鸟虽然是神话中的神鸟，但一定有创作的原型，它究竟以什么鸟为原型？古蜀人在金箔上表现的阳鸟，它的原型又是什么鸟？

看着金沙金箔上的四鸟图形，长长的脖颈，尖尖的利喙，壮壮的双爪，这是何鸟？似乎就是水鸟鱼鹰，它在古时被叫作凫鹥，我们现在称它作鸬鹚或鸬鹚。

蜀人先王有以"鱼凫"为号者，也许是以太阳神和太阳鸟自居呢。鱼凫就是水鸟鱼鹰，在古蜀人心中，也许那就是太阳神。也难

图 5 现代蜡染太阳鸟

怪在出土的蜀王金杖和金带上，都能见到鱼凫的图像，那是古蜀人顶礼膜拜的偶像。崇拜鸟和崇拜太阳，是古蜀人各部族的共同信仰。崇奉太阳是古蜀人不变的信仰。古蜀人有自己的阳鸟，它就是鱼凫，是健美的鱼鹰。古蜀人对不能多见的太阳怀有特别的感情，他们对心中的太阳鸟也怀有特别的感情，他们多么希望阳鸟能天天载着太阳飞翔啊！

太阳崇拜曾经是人类共有的信仰。不仅在古代中国，在世界上很多民族中都曾经奉行过太阳鸟崇拜。

古埃及的日神拉，是雄鹰的模样。公元前 14 世纪，太阳神崇拜在古埃及广泛流行，雄鹰成为太阳的使者。在一些古埃及的绘画中，拉被描绘成一只头佩日轮的鹰，或一个戴有王冠的鹰头人。

玛雅人的太阳神庙里，有乌鸦和啄木鸟的身影。美洲其他民族的太阳鸟还有鹰、鸮、天鹅、啄木鸟、乌鸦、凯察尔鸟等。中美洲飞鹰族的族徽图像呈圆形，外围是象征万道光芒的短线，内部为一只飞鹰。美洲印第安人把太阳视为"活的精灵"。面对奔走不息的太阳和翱翔有力的鹰隼，印第安人很自然地把他们结合在一起。

欧洲古代传说中的太阳鸟有天鹅和鹰隼。古代波斯帝国，也以鹰鸟作为太阳的象征。鹰隼飞旋，它飞得那么高那么远，它好像就在太阳中飞翔。它被古人当作太阳的使者，传达太阳的信息。鹰就像太阳一样，征服了古人的灵魂，他们把鹰和太阳联系到一起。

在印度和东南亚，有一种巨鹰兼百鸟之王叫迦卢荼，人们总把它和太阳联系在一起，作为太阳初生和死后生命的象征。

金沙遗址太阳神鸟金箔是古蜀人最伟大的艺术作品之一，也是古蜀文化精髓的体现。虽然我们不能确切得知太阳神鸟金箔作器的本来面目，也无法知晓原器的用途，但毋庸置疑太阳神鸟金箔不仅寓意深邃，艺术构图也十分完美。

金沙的太阳神鸟金箔图案的完美是如何体现出来的，我们了解得并不多。金沙太阳神鸟金箔由图案构思看，是要表现一种旋转的状态，这个目的显然是达到了，从设计上说是非常成功的。外圈四鸟的左旋，与内圈十二芒弧的右旋，形成一种动态的互衬，金箔体量虽小，展示的空间却很大。

金箔虽然经过完美的设计，却并不如以往人们想象的那样，是采用模具制成的。这是一件凭着精巧十指制作出来的艺术品，它的制作体现了古蜀时代所拥有的高超的工艺水准。金箔的外形，看起来是一个比较规整的圆形。金箔内亦大体为正圆之形，相对芒尖之间距离相等，表明金箔最初开料大致为一圆环形。这一圆环孔径5.29厘米，与金沙多数环璧类玉器内径规格相近。粗略观察，太阳神鸟金箔图案的四鸟在圆环上的分布均衡对称。量度结果显示，太阳神鸟金箔图案，除外圈飞鸟在作法上采用了严格的四等分方法和芒底落于同心圆轨道外，图案切割并没有太严格的设计。四鸟的本体在尺度上有许多细微差别，十二芒弧的大小与排列也欠匀称。太阳神鸟金箔不仅展示出古蜀国深邃的文化底蕴，也展示出古蜀时代高超的工艺技巧。从金箔精巧的工艺，可以窥见精巧的思维和精致的文化。

真不知最早何人突发奇想，将金子锤成薄薄的箔，让有限的金光绽放到千倍万倍之大。以小变大胜大，以少变多胜多。将金子变成箔，想到这一点就不容易，做到就更不容易了。

金箔技术很早便已经相当成熟，商周时期中原地区除了见到一些装饰类金器，也见有少量金箔之类，主要是附着于其他漆器、铜器以及建筑构件上的装饰。古蜀王国的金器，在三星堆和金沙出土的多是金箔制品，一些研究者以为与中原地区应属同一体系，主要是因为它的年代稍晚于中原。他们认为成都平原的黄金工艺很可能如同青铜工艺一样，也是从中原辗转传入的。

不过不能否认，古蜀金器在成形器物的种类及出土的数量上，都要明显超过中原地区，在工艺技术方面也显现出独到之处。今后未必不会发现年代更早的古蜀金箔，谁早谁晚现在还不是下最后结论的时候。

早期金器制作工艺分锻打和锤揲两种技术，中原早期黄金制品多采用锤揲技术，成品都是金箔。古蜀金器也均采用锤揲技术，成品也是金箔。两者之间的明显区别是，后者常有纹饰图案，与北方和中原地区光素无纹不同。古蜀金箔使用了錾刻、模冲、刻镂技术，如金杖和冠饰所见，不仅是古蜀，也是国内发现的金器中最早的錾刻工艺标本。金沙遗址的金人面像，有人认为采用了模冲工艺。刻镂工艺在古蜀金器中运用较多，三星堆和金沙见到的许多金箔都使用了这一工艺。

古代金箔工艺的出现，是古人认识到黄金良好自然延展性能的结果。包金和贴金工艺的成熟，促成了金箔技术的不断提升。包金是利用金箔自身的包裹力罩于器具之外，贴金是借助黏合剂将金箔粘贴在器具表面。古蜀贴金工艺比较流行。三星堆金箔铜像用生漆作黏合剂。现代民间传统贴金工艺所用的黏合剂，主要是树脂类如生漆和桐油等。金沙的金箔制品，许多应当采用了贴金工艺，使用了生物黏合剂。

箔，通常指称一些金属制成的薄片，如金箔、银箔、铜箔，以金箔的制作工艺最为复杂。黄金具有良好的延展性，一两（31.25克）纯金能锤成万分之一毫米厚、面积达 16.2 平方米的金箔。古代制箔之法，是先将黄金提纯，锤打成小小的金叶，再夹在用煤油熏炼成的乌金纸里，又反复锤打约一日，金叶就变成了薄薄的金箔。

传统工艺制作金箔，要经十多道工序，下条、拍叶、做捻子、打开子、出具、切金箔，一点都不能马虎。金箔的传统工艺至今还保留在一些作坊里，抽出的金箔薄如蝉翼、软似绸缎，所以民间又有一两黄金打出的金箔能覆盖一亩三分地的说法。现代金箔生产仍有一些工艺机器无法替代的，最重要的是乌金纸，用乌金纸包好金片，通过几万次锻打制成 0.12 微米厚的金箔，这要求乌金纸耐冲击、耐高温。

现代金箔制作融入了现代科技，使用的辅材（如乌金纸）和设备都已大大革新，产量和质量均大幅提高。经过长期发展，金箔工艺越来越成熟，目前金箔工艺有了申报世界级非物质文化遗产的动议，古老的工艺将焕发出新的活力。

太阳带给古蜀人灵感，太阳神鸟金箔又将这灵感传达给当代，愿文化遗产保护就像这金光灿灿的标志一样，光芒永存。

本文原名"中国文化遗产的标志为啥要用古蜀人这只神鸟"，发表于《意林文汇》2017 年 4 期。

左旋右动

在中国新石器时代彩陶中，有一些特别的纹饰，由于它流布的范围很广，所以引起研究者们普遍的关注。本文要论及的庙底沟文化中被称作"花卉"的彩陶纹饰，[1] 就属于这样的一类，许多研究者为它的华美发出了由衷赞叹，为它的诠释倾注了自己的热情。

对于彩陶而言，再明确的图案，都需要认真解读，否则我们便无缘探知它的真谛，对于那些繁复的纹饰更是如此。许多学者反复地研究，还有激烈的争辩，使我们一步步接近真理的边缘，也让我们最终揣摩到史前陶工的匠心。但是不能否认，对于后来者而言，前人的研究有时可能并没有完全解决问题，这些研究还会有一定的负面影响，也许还不知不觉地布下了雾阵，让后来者得不到破解的要领。彩陶中的"花卉"类纹饰，是庙底沟文化时期非常流行的一种，对于它的解读，我们面对的正是这样的雾阵。对这层叠的雾阵，一直以来似乎没有太多的人产生疑惑，也没有人想着要穿透它。

1　在与仰韶文化相关的一些课题的研究中，我将仰韶文化分解为半坡、庙底沟和西王村三个相对独立的文化，代表大仰韶文化的早、中、晚三个时期。对于过去划入仰韶范畴内的其他类型，则分列出去且独立命名，称为后岗文化、大司空文化、大河村文化、下王岗文化等。

庙底沟文化的这类"花卉"纹彩陶，也许有人觉得没有再研究的必要，我也一直这样认为。我反复读它，反复在相关著述中提到它，赞美它，并没有产生过什么疑问。但是就在不久前，当我眯缝着双眼，由花纹间空出的地子亦即阴纹再一次"阅读"这些彩陶时，面前映出了与以往全然不同的画面，满目是律动的旋纹，过去看到的花朵形构图全然消失。于是连续数日，找来许多同类纹饰一一认读，它们让我如入迷途，一时间无法走出来。有了这不同的认读方法，再去判读其他新石器文化彩陶中的相似纹样，就能非常容易地看到同样的内容，都是旋纹，图案不论是简约的还是繁复的，全都一目了然。这里将我的感受和新的解读结果报告给读者，期望能引起讨论。

一、明辨"阴阳"

庙底沟文化彩陶上由弧边三角、圆点、勾叶[1]组成的"花卉"图形，或简或繁，曲回勾连，是中国彩陶中最具特点的图案之一，也是最富魅力的图案之一。具有同样风格构图的彩陶，在大河村文化和大汶口文化中也相当流行，它的影响还波及范围更为广大的其他新石器文化，这使它成为许多晚期新石器文化共有的一种图案结构模式。

对于这类彩陶纹饰的研究，自20世纪20年代安特生发现河南渑池仰韶村遗址就开始了。安特生虽由仰韶村的彩陶提出了"彩陶

---

1 "勾"与"钩"在不同学人文章中并用。除直接引用外，本文统一用"勾"。

文化"的概念，但是当时他只见到这种纹饰的碎片，没有见到完整器形，所以并没有引起特别的注意。阿尔纳 1925 年发表《河南石器时代之着色陶器》，将仰韶村等遗址出土的这类彩陶纹饰称为"真螺旋纹"。[1] 不久以后，山西夏县西阴村发现了更多相关彩陶资料，李济 1927 年在报告《西阴村史前的遗存》中，对这类纹饰没有作进一步分析，几乎没有对纹饰的组合进行任何认定。[2] 梁思永在研究了西阴村的这批彩陶标本后，在 1930 年发表的论文中称这纹饰为"流动的曲线带"，说它的"形状最近似螺旋纹"，又说"西阴陶器上没有发现真正的螺旋纹"。[3]

　　20 世纪 50 年代以后，由于田野考古资料越来越丰富，仰韶文化彩陶纹饰的研究受到空前重视。尤其是河南陕县庙底沟遗址的发掘资料公布以后，彩陶研究向前推进了一大步。安志敏先生 1959 年在《庙底沟与三里桥的文化性质及年代》的结语中说，庙底沟遗址的彩陶"图案比较复杂而富于变化，基本上是用条纹、涡纹、三角涡纹、圆点纹及方格纹等组成，但在结构上缺乏固定的规律。花纹虽可以分成许多不同的单元，但这些单元很少固定不变，而互有增减，比较难于把它们固定的母题分析出来"。[4] 他的这个说法，到 20 世纪 80 年代还有影响，巩启明先生论仰韶文化，基本上接受了这些

1　阿尔纳：《河南石器时代之着色陶器》，《古生物志》丁种第一号第二册，1925 年。

2　李济：《西阴村史前的遗存》，清华学校研究院丛书（第三种），1927 年。

3　梁思永：《山西西阴村史前遗址的新石器时代的陶器》，《梁思永考古论文集》，科学出版社，1959 年。

4　安志敏：《庙底沟与三里桥的文化性质及年代》，《中国新石器时代论集》，文物出版社，1982 年。

说法。[1]不过后来安志敏先生本人对这类纹饰的定名有了明显的改变，20 年后的 1979 年，他在《裴李岗、磁山和仰韶》一文中改用了当时已比较流行的"圆点、勾叶、弧线三角和曲线等构成繁复连续的带状花纹"这样的说法。[2]

面对庙底沟遗址的彩陶资料，不少研究者产生了兴趣，纷纷著文研究。当然研究者们当时最关注的还是根据彩陶纹饰进行文化的分期研究，至于对纹饰本身的研究却并没有深入下去。如吴力先生的《略论庙底沟仰韶文化彩陶纹饰的分析与分期》，就没有具体讨论这类纹饰。[3]杨建芳先生在《庙底沟遗址彩陶纹饰的分析》一文中，采用分解纹饰的方式命名为勾叶、弧形三角、圆点，但没有提出一个整体名称。[4]张忠培先生在有关论文中虽然没有对这类彩陶展开讨论，但却提出过一个名称，概略地称为"弧线三角纹"。[5]

石兴邦先生 1962 年发表了《有关马家窑文化的一些问题》一文，在讨论马家窑文化的过程中，也详论了庙底沟文化的彩陶纹饰，他对庙底沟时期的这种主体纹饰的定名是：圆点、勾叶和凹边三角等曲线花饰配成的纹饰。[6]他后来在为《中国大百科全书·考古学》撰写的"仰韶文化"的条目中，对其名称又略有改变，称为"圆点钩叶弧边三角和曲线组成的带状纹饰"。

1　巩启明：《试论仰韶文化》，《史前研究》1983 年 1 期。

2　安志敏：《磁山、裴李岗和仰韶》，《中国新石器时代论集》，文物出版社，1982 年。

3　吴力：《略论庙底沟仰韶文化彩陶纹饰的分析与分期》，《考古》1973 年 5 期。

4　杨建芳：《庙底沟遗址彩陶纹饰的分析》，《考古》1961 年 5 期。

5　张忠培：《三里桥仰韶遗存的文化性质与年代》，《考古》1964 年 6 期。

6　石兴邦：《有关马家窑文化的一些问题》，《考古》1962 年 6 期。

1965 年，苏秉琦先生在他的《关于仰韶文化的若干问题》那篇著名的论文中，[1] 依据陕西华县泉护村出土的标本，首次仔细研究了庙底沟时期的这类彩陶。他以阳纹和阴纹混观的方法，辨认出这类彩陶所描绘的是菊科和蔷薇科两种植物花卉图案，而且花瓣、茎蔓、花叶齐全。从此，在 30 多年的时间里，他不断坚持并发展着这种认识，将彩陶上的这种"花卉"纹饰升格，与红山等文化的龙形图案相提并论。[2] 在对庙底沟文化彩陶众多的解释中，以苏秉琦先生"花卉"说的影响最大，也最受学术界重视。

　　也是在 1965 年，严文明先生发表了《论庙底沟仰韶文化的分期》，他对庙底沟遗址的彩陶纹饰进行了分类分期研究，将庙底沟几何纹彩陶图案划分为 11 种，其中定名为"回旋勾连纹"的一种，就是本文要讨论的对象。他对这图案的描述是：

　　　　其基本母题为一个圆圈和一对互相钩连的挂钩，圆圈中每被横线分割为二，而挂钩中则实以圆点。这种纹饰的每一单元与其它单元之间往往相互连接，不易分割，形成连续不断的花纹带。[3]

在此前的 1963 年，严文明先生在《西阴村史前遗存分期》一文中已提出了"回旋钩连纹"的命名。[4] 我们注意到严文明先生在多篇论文

1　苏秉琦：《关于仰韶文化的若干问题》，《考古学报》1965 年 1 期。

2　苏秉琦：《华人·龙的传人·中国人》，《中国建设》1987 年 9 期。

3　严文明：《论庙底沟仰韶文化的分期》，《仰韶文化研究》，文物出版社，1989 年。

4　严文明：《西阴村史前遗存分期》，《仰韶文化研究》，文物出版社，1989 年。

日月崇拜

中，对这类纹饰的名称一直都没有变更，只是将构图有变化的那些纹饰改称为"变体回旋钩连纹"，如1963年讨论洛阳王湾遗址的分期，对构图略简练的同类纹饰即有"变体"之说。[1]这个定名在近些年来还有一定影响，段宏振先生1991年有专文探讨庙底沟文化彩陶的传播，就采用了"回旋勾连纹"的命名。[2]

在大河村文化和大汶口文化中发现大量与庙底沟文化相类似的彩陶以后，研究者的视野又明显扩展了。不过材料虽然增加了不少，但研究的深度却没有明显提高。廖永明先生两次撰文讨论大河村文化的彩陶，他将大部分与庙底沟文化相似的纹饰称为勾叶纹，对一些另样的纹饰则称为月亮纹。[3]1984年吴家哲先生等讨论大汶口文化的同类彩陶，也称之为勾叶纹。[4]栾丰实先生刚刚发表的新著《海岱地区考古研究》，内有《海岱地区彩陶艺术初探》一文，[5]文中非常仔细地将与庙底沟文化相似的大汶口文化的这类彩陶纹饰进行了分类，显然也接受了严文明先生的命名，他一总称之为"回旋勾连图案"，分解为圆点、勾叶、弧边三角、花叶、短线、对弧等若干母题，它们的组合又可细分为六类，有"对勾"，如二月拱日；有"单勾"，一只勾叶环抱一个圆点；有"变形对勾"，如人面或兽面等。

张朋川先生在1983年编成、1990年出版的《中国彩陶图谱》

1 严文明：《从王湾看仰韶村》，《仰韶文化研究》，文物出版社，1989年。

2 段宏振：《试论庙底沟类型彩陶的传播》，《文物春秋》1991年1期。

3 廖永明：《大河村新石器时代的彩陶艺术》，《中原文物》1984年4期；《再谈大河村新石器时代的彩陶艺术》，《论仰韶文化》，《中原文物》1986年特刊。

4 吴家哲等：《大汶口——龙山文化原始艺术初探》，《史前研究》1984年4期。

5 栾丰实：《海岱地区考古研究》，山东大学出版社，1997年。

中，将同见于庙底沟文化和大汶口文化中的同类纹饰定名为"钩羽圆点纹"，并且推测它是由写实的鸟纹演变而来的。他说，庙底沟文化晚期"彩陶盆上的图案摆脱了早期的对称格式，多作活泼自如的动态图案结构，用行云般的钩曲形纹和弧线纹，组成翻回交错的纹饰，以旋风般的律动，舒展变化多端的长卷式图案。鸟纹已完全变成几何纹，由正面鸟纹简缩为圆点弧边三角纹，由侧面鸟纹简缩为钩羽形纹"。[1] 还有些艺术工作者将这类纹饰定名为"自由曲线纹"，认为它比起那些几何曲线，更加富于活力和运动感。[2]

此外，我们还注意到马宝光先生等有论文《庙底沟类型彩陶纹饰新探》，作者说在经过了多年的反复比较和研究后，得出了一种新的认识，认为一般研究者所说的庙底沟时期的花卉彩陶纹饰，并不真是植物纹，而是由半坡类型的鱼纹演化而成的"组合鱼纹和变体鱼纹"。[3] 这个说法没有引起太多的注意，不过非常明确地否认它为花卉纹饰这一点，还是不多见的。

从对本文讨论的这类彩陶纹饰历来的定名情形看，研究者主要采用的是一种直观的认读方法，一般只读阳纹，所以比较流行的名称为"圆点、勾叶、弧边三角"，合称为"圆点勾叶纹"，其次"回旋钩连纹"的名称也为较多的研究者接受。我将历来一些研究者的认读结果罗列在下表中，可以看出其中最有代表性的观点也有三四种，可见分歧明显存在（表1）。

---

1 张朋川：《中国彩陶图谱》，文物出版社，1990 年。

2 贾荣建等：《中国彩陶图案的艺术形式探寻》，河北美术出版社，1994 年。

3 马宝光等：《庙底沟类型彩陶纹饰新探》，《中原文物》1988 年 3 期。

　　　　　　　　　　　　　　　　　　　　日月崇拜

表 1 新石器文化彩陶"旋纹"历年定名表

序号	定名者	定名时间	名　　称	认读方式
1	阿尔纳	1925	真螺旋纹	阳纹
2	梁思永	1930	流动的曲线带	阳纹
3	安志敏	1959	涡纹、三角涡纹、圆点	阳纹
4	石兴邦	1962	圆点勾叶凹边三角等曲线花纹配成的纹饰	阳纹
5	严文明	1963	回旋勾连纹	阳纹
6	张忠培	1964	弧线三角纹	阳纹
7	苏秉琦	1965	菊科和蔷薇科花卉纹	阳纹 + 阴纹
8	安志敏	1979	圆点勾叶弧线三角和曲线构成的带状花纹	阳纹
9	巩启明	1983	涡纹、三角涡纹、圆点组成	阳纹
10	石兴邦	1984	圆点勾叶弧边三角和曲线组成的带状纹饰	阳纹
11	廖永明	1984	月亮纹、勾叶纹	阳纹
12	吴家哲	1984	勾叶纹	阳纹
13	马宝光	1988	旋花纹、鱼眼、变体鱼纹	阳纹
14	张朋川	1990	钩羽圆点纹	阳纹
15	段宏振	1991	回旋勾连纹	阳纹
16	贾荣建	1994	自由曲线纹	阳纹
17	张居中	1994	圆点勾叶弧三角构成的植物花卉纹	阳纹
18	栾丰实	1997	圆点勾叶弧边三角组成回旋勾连图案	阳纹
19	王仁湘	1998	旋纹：单旋纹、双旋纹、重旋纹、杂旋纹	阴纹

　　注：本表所列主要是对庙底沟文化彩陶"旋纹"历年的定名，也包括少数研究者对大河村和大汶口文化同类纹饰的定名。

左旋右动

过去在进行彩陶研究时，人们已经注意到对庙底沟文化某些彩陶的解读要采取阴纹读法，但一般只对那些构图整齐均衡的花瓣式彩陶才用这种读法。对我们要讨论的这类由圆点、勾叶和弧边三角组成的纹饰，多数研究者采用的却是阳纹读法，在个别时候也有局部采用阴纹读法的。实际上，这类纹饰在整体上主要应该认读的是阴纹，而不应当是阳纹，只是在偶尔的情形下才可以对某些单元采用阳纹读法。采用阴纹读法的结果，与阳纹读法大异其趣，就像我在本文开篇所写的那样，我在一种顿悟的状态中获得这种感受，自以为真正感受到了这类彩陶原本包容的内涵。

　　由阴纹方式反视，这种图案的中心部分，也就是纹饰结构的主体，是一种相同的旋纹。阳纹的勾叶、弧边三角及不规则的弧边形，无一例外都是衬底图形。它们衬托出来的阴纹，有圆形的旋心，有曲回的旋臂，构图严谨缜密。过去研究者认为这类图案的组合没有固定的章法，甚至无法将它分割为独立的单元，如果采用反视阴纹的方法，这个问题就完全不存在了，我们发现它的章法不仅十分严谨，而且纹饰清丽，秀美异常。对庙底沟文化彩陶如此解读，我的感觉可以用四个字概括：豁然开朗。采用了这个读法，多数原来感觉布局杂乱没有规律的图案，特别是那些无从读起的图案，我们都会一目了然，会感到一种从未有过的明白清晰。过去由于认读方法存在缺陷，没能将这类旋纹辨认出来，所以整体结构没有厘清，这是相应的研究工作出现明显偏移的主要原因。

　　要将这类彩陶纹饰理出头绪来，确实要首先明辨"阴阳"，只有采用反视阴纹的方式观察，才能获得准确的认识，否则一切就无从说起。

　　　　　　　　　　　　　　　　　　　　　　　　　　日月崇拜

二、分类

采用反视方式观看阴纹所看到的彩陶上的旋纹，多数虽然有较为一致的构图，都有旋心和旋臂，不过细作分析，也存在明显区别。区别集中表现在旋纹的旋臂上，根据旋臂的特点与数量，还有旋纹的组合方式，可以将旋纹划分为五种，即单旋、双旋、叠旋、杂旋和混旋。

1. 单旋

单股旋臂，或上旋或下旋，旋臂方向不一，以顺时针旋转的数量较多，少有反旋发现。旋心一般较大，有的中间绘一圆点（图 1）。

单旋纹彩陶在庙底沟文化中发现数量较多，陇东、关中、晋南和豫西都有出土。如甘肃秦安大地湾遗址一件单旋纹彩陶，旋心旋臂都很大，旋心无圆点（图谱 T.76）。[1] 大地湾还见到正反旋组合及与多旋组合的单旋纹彩陶，有的旋心绘有圆点，整器纹饰构图较为繁复（图谱 T.77、78）。天水李家湾遗址也有非常典型的单旋彩陶，只是旋心未见圆点（图谱 P.49）。陕西华县泉护村遗址大量旋纹彩陶中也包含有这种大单旋图案标本，旋心绘一圆点，有一长长的旋臂。[2] 山西夏县西阴村 1994 年第二次发掘，发现一件单旋纹彩陶盆，

1　本文省称"图谱 T.x"指张朋川编《中国彩陶图谱》第几图，"图谱 P.x"中的数字则指第几页。

2　见苏秉琦：《关于仰韶文化的若干问题》附图七，《考古学报》1965 年 1 期。

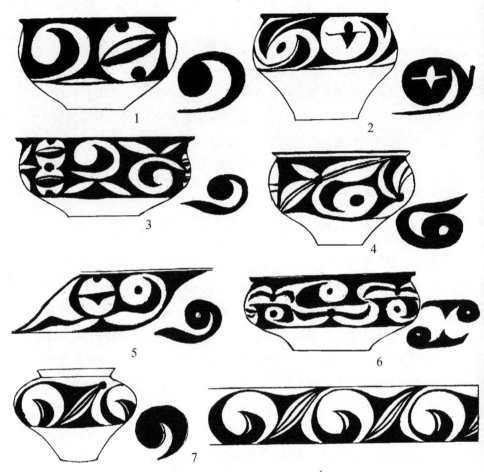

图 1　庙底沟文化和大河村文化单旋纹彩陶[1]

1、3. 甘肃秦安大地湾　2. 山西洪洞　4. 山西万荣荆村
5. 陕西华县泉护村　6. 河南洛阳洞滨　7. 河南陕县

1　每器一侧的小图为旋纹单元反视图，以下各图同例。

旋心大，旋臂也很宽。[1] 近年发掘的山西翼城县北橄遗址，也见到两例大单旋彩陶片。[2] 河南渑池仰韶村遗址的第三次发掘，见到了该遗址过去没有发现的典型单旋纹彩陶片。[3] 洛阳洞滨遗址见到的双排正反向的单旋纹组合很有特色，旋臂带有不多见的分叉，构图严密（图谱 T.1672）。

在有的彩陶上，单旋纹的旋心绘得极大，旋心加绘有飞翔的太阳鸟，如甘肃秦安大地湾、陕西华阴西关堡、山西洪洞和夏县、河南三门峡等处，彩陶上都见有这种阳鸟图案（图谱 T.53、56、1587、1602、1599、1670），其实就是太阳的象征。

2. 双旋

旋心在中间，有两股旋臂，双臂一般以上下方式排列，也有以左右方式排列的，有时臂尾延伸很长。庙底沟文化双旋纹的旋心一般不大，旋心多绘有圆点；在大河村文化双旋纹彩陶中见有大旋心，旋心有无圆点不定。彩陶中的各式旋纹，以双旋纹最为常见，发现数量最多（图 2）。

庙底沟文化的双旋纹，在陇、陕、豫、晋的许多遗址中都有发现。多数双旋纹的旋心都不大，旋心有时绘有圆点，旋臂有长有短。如陕西长安县蝎子岭、华县泉护村，山西芮城县、洪洞县、河津县

1　山西省考古研究所：《西阴村史前遗存第二次发掘》，《三晋考古》第二辑，山西人民出版社，1996 年。

2　山西省考古研究所：《山西翼城北橄遗址发掘简报》，《文物季刊》1993 年 4 期。

3　河南省文物研究所等：《渑池仰韶遗址 1980—1981 年发掘报告》，《史前研究》1985 年 3 期。

图2　庙底沟文化和大河村文化双旋纹彩陶

1. 甘肃宁县王庄王嘴　2. 河南郑州后庄王　3、4. 河南郑州大河村
5. 山西垣曲县下马村　6. 河南陕县庙底沟

固镇，[1] 河南陕县庙底沟等遗址（图谱 T.1561、1599、1602、1603、1643、1646），都有双旋纹彩陶出土。

庙底沟文化中也见到不多的大画面的单体双旋纹，如陕西彬县下孟村遗址的一件深腹罐上，就有这样的大画面双旋纹，构图简洁，没有附加纹饰（图谱 T.1557）。甘肃宁县王庄王嘴遗址也出土一件大双旋纹彩陶，旋臂较长，旋心有圆点（图谱 T.84）。西阴村遗址也有双旋纹彩陶盆出土，大旋心中绘有圆点。[2]

大河村文化的双旋纹也非常典型，旋心旋臂都较大，占据画面中心位置，都是单独存在的单元，彼此旋臂互不连接，两旋纹之间常有简单的附加纹饰。郑州后庄王和大河村遗址有几件彩陶上的旋纹为单体，构图简洁明了：中间为一圆点，左右相对的两个月牙形明晰地衬出顺时针旋转的上下旋臂，两侧再以弧边三角形衬出旋臂的外轮廓，使上旋臂尾部旋至下方，而下旋臂则对称地旋至上方（图谱 T.1694、1695、1698、1701）。

在多数情况下，庙底沟和大河村文化的双旋纹是装饰在大口曲腹的彩陶盆上的，也有的出现在其他器类上，如山西垣曲上马村出土的一件尖底瓶的上腹部位，就绘有简略的双旋图形（图谱 T.1592）。

彩陶中的双旋纹一般不单独出现，较大的旋纹也有两个或两个以上构成一组，多以平行方式排列，左右旋之间互不连接。但也有

1　山西省考古研究所：《山西河津固镇遗址发掘报告》，《三晋考古》第二辑，山西人民出版社，1996 年。

2　山西省考古研究所：《西阴村史前遗存第二次发掘》，《三晋考古》第二辑，山西人民出版社，1996 年。

例外，在庙底沟文化彩陶中，发现了一种单体旋纹组成的二方连续图案，上下旋臂分别向左右延伸很长，前一旋纹的上旋臂延展至后一旋纹而变为下旋臂，构成二方连续图案，庙底沟遗址就出土过不止一件典型的二方连续旋纹彩陶盆（图谱 T.1646）。

3. 叠旋

在旋心周围有多股旋臂，有的为两个主旋臂，另有两个以上重叠的副旋臂，有的旋臂则没有明显的主副区别。多股旋臂层叠回旋，故名之为叠旋（图3）。

叠旋纹彩陶多见于庙底沟文化，大地湾、泉护村、固镇、西阴村和庙底沟等遗址都有发现，旋臂一般不对称（图谱 T.78、83、1629）。一部分结构松散的旋纹，有时旋臂游离出本来的位置，旋心

图3　庙底沟文化叠旋纹彩陶

1. 甘肃秦安大地湾　2、3. 河南陕县庙底沟

也不明显，让人不易认定，这就是苏秉琦先生根据泉护村的发现划定的"菊科"图案。它其实是一种松散的多旋臂旋纹，可将它归入叠旋纹。

在双旋纹较为流行的时期，彩陶上能见到叠旋纹的机会不太多。后来在有些地区较为流行具有叠旋纹特点的彩陶，一般都归入涡纹之列，由于涉及材料非常丰富，本文就不多列举了。

4. 杂旋

规则的连续旋纹和不规则变体旋纹外，还有一些类似涡纹的图案多可以归入这一类，它们一般构成比较规整的二方连续图案。这类纹饰出现的时代较晚，可明显看出是由旋纹逐渐演变而成的。

庙底沟文化的杂旋纹彩陶发现不多，只在庙底沟遗址见到一件残片，绘二方连续式的简化旋纹，不仅旋心不明显，左右旋臂也连为一体了（参见表5"杂旋纹"栏）。相似的杂旋纹彩陶在大汶口和红山文化中也有发现，后文还将提及。

5. 混旋

指单旋和双旋及叠旋的混组纹样，以单旋与双旋的混组发现较多，而且单双旋常常是以一对一混组的（图4）。

庙底沟文化的许多遗址都发现有混旋纹彩陶。陕西渭南北刘遗址出土的彩陶盆上，有多旋臂的旋纹，也有大旋心的单旋纹。陕县庙底沟遗址见到多件单旋和双旋混组的彩陶标本，其中双旋占据图案带的主要部位（图谱 T.1565、1643、1646）。陕西长安县蝎子岭和山西芮城县某遗址的单旋与双旋混组彩陶，旋纹绘得较为纤巧

图4　庙底沟文化混旋纹彩陶

1、3. 河南陕县庙底沟　2. 河南郑州大河村

（图谱 T.1561、1603）。类似单旋与双旋混组彩陶也见于大河村文化，郑州大河村遗址就发现有一件，构图与蝎子岭和芮城某遗址所见非常接近。[1]

　　除了上列的五类旋纹彩陶，我们还发现有些标本彩绘较为草率，观察时还得费点工夫，才能判定它们是否为旋纹图案，这些可称为"草旋"（图5）。如甘肃正宁宫家川的一件彩陶盆，为排列不大整齐

1　李绍翰：《河南古代图案》，河南美术出版社，1986年，第5页。

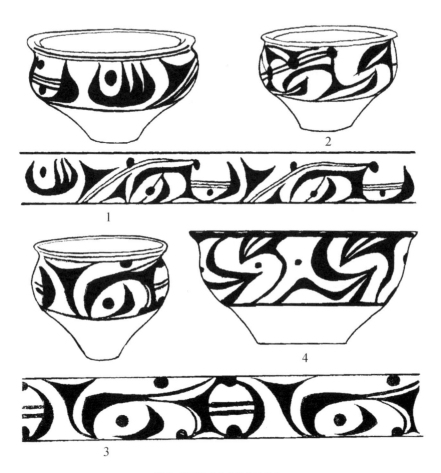

图 5　庙底沟文化草绘旋纹彩陶

1—3. 河南陕县庙底沟　4. 甘肃正宁县宫家川

左旋右动

的二方连续旋纹图案，旋心并不明显，只有一个圆点，上下两条旋臂都很粗壮（图谱 T.83）。在陕县庙底沟遗址也发现有几件草绘旋纹彩陶，旋纹不很规则，有时旋臂没能与旋心衔接上。由于这种反转式图案作法需要有较高的技巧，可能并不是当时一般陶工能胜任的，我们在有些彩陶上看到了比较草率的画面，应是一些徒工所为，虽则潦草，不过基本的构图程式却没有明显改变。当然也不排除这样一种可能，后来有的陶工们也许并不知道他们所绘纹饰的意义何在，所以有时也会信手涂鸦，对传统就不那么恪守了。他们如此行为的结果，就留下了天书，让我们百思不得其解。

各类旋纹图案彩陶，尽管在构图上表现了明显的繁简区别，但有一定数量的标本呈现出二方连续图案的特性，图案单元并不难辨认。过去一些研究者感叹这类纹饰没有固定的结构，无法区分图案单元，我们现在作了这样的分类研究以后，这些问题便都不存在了，而且我们还能得出完全相反的认识：这类彩陶纹饰结构一般都较为严谨，布局有序，只有少数绘制粗率的不在此列。

我们有了现在这样的认识，回过头去再翻检一遍相关的彩陶，可能就觉得眉目清楚多了。如在河南陕县庙底沟遗址，从报告所附 10 种旋纹图案分析，有 4 种组合形式：1. 单旋，2. 双旋，3. 叠旋，4. 单旋和双旋组合的混旋。又如苏秉琦先生在《关于仰韶文化的若干问题》中列举的出自泉护村的"蔷薇科"六式彩陶图案，按新的读法分析，结果一目了然，它们原本都是旋纹。其中Ⅰ式为单旋，Ⅱ式和Ⅳ式为双旋，Ⅲ式为一双旋加两个方向相反的单旋，Ⅴ式为一双旋加一单旋，所有的双旋均为左旋形式。苏先生原先指定的单瓣花朵实为单旋旋纹，而双瓣花朵则是双旋旋纹，他指定的覆瓦状

图6 陕西华县泉护村旋纹彩陶反视图

1. Ⅰ式—单旋纹　2. Ⅱ式—双旋纹　3. Ⅲ式—两单夹—双混旋纹
4. Ⅳ式—双旋纹　5. Ⅴ式——单—双混旋纹

左旋右动

花瓣正是反衬双旋的阳纹图案（图6）。

综上所述，我们讨论的庙底沟文化（包括大河村文化）最具代表性的这类彩陶纹饰，并不能正观阳纹认定为圆点勾叶纹或回旋勾连纹，亦不能认定为菊科和蔷薇科的花瓣纹等，而是反视的非常明确的各式旋纹，最常见最典型的是双旋纹。这些旋纹隐现于规则与不规则的各类阳纹中，它很容易使我们的判断力失去作用，只在改变传统认读方式的时候，它的本来面目才清晰地呈现在我们的眼前。对中国彩陶深入研究过的张朋川先生在他的巨著《中国彩陶图谱》中说：

在中国彩陶各种动的格式中，旋式是一种主要的图案格式……彩陶图案中各种样式的旋纹，以反复不休循环不已的旋动，突破固定空间的控制而持久地律动。旋式纹样在中国传统图案中一直被沿用发展着，成为传统图案的主要格式之一。

可惜的是，他动情地写下这些话的时候，列举的例证主要是马家窑和屈家岭文化的，他虽然摹绘了数以千计的彩陶，但却没能解读庙底沟文化、大河村文化和大汶口文化等大量存在的旋纹，没有将这些体现出高度艺术水准的旋纹包括在旋式图案结构内，这不能不说是一个遗憾。

三、流传

在史前时代，许多相同的文化成就有可能是不同的原始部族独立取得的，不一定是文化交流传播的结果。但是在分布地域邻近的部族中出现的相同文化现象，十之八九应当归结为文化的传播，在彩陶方面我们可以找到一些明显的例证，这在旋纹图案的流传上表现得非常明显。我们从现有资料分析，旋纹彩陶应当是在黄河流域某一新石器文化中最先出现的，然后向周围附近的文化中流传，流传的范围之大、速度之快，为我们提供了非常重要的研究课题。

据不完全统计，最典型的旋纹彩陶流行于庙底沟、大河村和大汶口文化中，而这三个文化几乎是在大体相当的时期内占据着整个黄河流域中下游和部分上游地区，而且还扩展到了这个范围以外的一些地区。从年代上看，这几个文化中的旋纹彩陶都是在距今6 000年以后出现的，旋纹从此流行开来。我们在上面主要根据庙底沟文化的彩陶资料，对旋纹作了一个大体的分类研究，由于大河村文化和庙底沟文化关系非常密切，所以将两者的资料进行了合并处理。现在再来看看大汶口文化和其他文化中的发现，由此梳理一下旋纹彩陶的流传途径（表2）。

大汶口文化中的旋纹彩陶发现也不少。山东泰安大汶口遗址采集到一件彩陶片，完全是庙底沟文化风格，纹样的构图是明显的单体双旋纹。[1]大汶口文化旋纹彩陶最集中的发现是在江苏邳县大墩子遗址，而且色彩更为亮丽，构图非常规整（图7）。

大墩子遗址见到数例单体双旋纹组成的二方连续图案彩陶，虽然构图发生了一些变化，但母题为旋纹则是可以肯定的。较为特别的是，由于复彩的运用，作为旋纹衬底的阳纹采用不同色彩绘成，通常一边为黑彩，另一边为褐彩。有一件构图较为特别，有一垂直

---

1 山东省文物管理处等：《大汶口》，文物出版社，1974年。

表2 仰韶文化系统及大汶口文化"旋纹"彩陶统计表

地点	分类	文化类型	I–单旋	II–双旋	III–叠旋	IV–杂旋	V–混旋
1	甘肃正宁县宫家川	庙底沟文化		*			
2	甘肃宁县王庄王嘴	～		*			
3	甘肃秦安县大地湾	～	*	?	*		*
4	甘肃天水李家湾	庙底沟文化	*				
5	甘肃秦安县高家庙	西王村文化			*		
6	甘肃秦安县焦家沟	～			*		
7	甘肃天水师赵村	～	*		*		
8	甘肃天水寨子	～			*		
9	甘肃武山雷家沟	～					*
10	甘肃天水籍河	～			*		
11	陕西宝鸡福临堡	～					*
12	陕西汉阴县阮家坝	庙底沟文化		*			
13	陕西彬县下孟村	～	*	*			
14	陕西长安县蝎子岭	～	*	*			*
15	陕西南郑县龙岗寺	～	*				
16	陕西渭南北刘				*	*	*
17	陕西华县西关堡	～	*	*			
18	陕西华县泉护村	～	*	*	*	*	*
19	陕西岐山县王家嘴	～	*	*			
20	陕西华阴县南城子	～	*	*			
21	陕西户县五楼	～	*				
22	山西翼城县北橄	～	*				
23	山西夏县××	～	*	*			*
24	山西夏县西阴村	～	*	*	*		
25	山西洪洞县××	～	*	*			*
26	山西洪洞县耿壁	～		*			

日月崇拜

地点 ＼ 分类	文化类型	I-单旋	II-双旋	III-叠旋	IV-杂旋	V-混旋
27　山西万全县荆村	～	*				
28　山西芮城县××	～	*	*			*
29　山西河津固镇	～	*	*	*		*
30　山西芮城牛皋村	～	*				
31　山西垣曲下马村	～		*			
32　河南陕县庙底沟	～	*	*	*		*
33　河南三门峡市	～	*				
34　河南灵宝南万村	～	*	*			*
35　河南渑池县仰韶村	～	*				
36　河南洛阳涧滨	大河村文化	*				
37　河南洛阳王湾	～		*			
38　河南郑州大河村	～		*			*
39　河南郑州后庄王	～		*			
40　山东泰安大汶口	大汶口文化		*	*	*	
41　山东曲阜县西夏侯	～	*				
42　山东兖州王因	～		*			
43　山东邹县野店	～	*	*			
44　山东章丘县董东	～		*			
45　山东广饶县伍村	～				*	
46　山东广饶县傅家	～				*	
47　山东胶县三里河	～		*			
48　山东章丘县	～					
49　江苏邳县刘林	～		*			
50　江苏邳县大墩子	～		*		*	

　　注：1. 本表主要资料取自张朋川《中国彩陶图谱》，少数取自有关考古学专刊和杂志；
2. 西北地区后仰韶文化彩陶变体旋纹数量很大，本表没有统计。

图7 大汶口文化旋纹彩陶

1—5. 江苏邳县大墩子

的旋臂通过带圆点的旋心，旋臂两端再分向左右回旋，整个旋纹的外廓成为一个较规整的圆形（图谱 T.1860）。大汶口文化中大量见到的还是双旋纹彩陶，不仅在大墩子，在江苏邳县刘林、山东曲阜县西夏侯等遗址也有发现。[1] 大汶口文化的双旋纹，除了构图简单的大画面单体式以外，还有数量更多、组合较为复杂的二方连续式，一般没有太多的附加纹饰（图谱 T.1864、1867、1868、1873—1875、1878）。大汶口文化单旋纹彩陶发现较少，山东邹县野店遗址以单旋纹为单元的彩陶非常典型，绘法与庙底沟文化的相同。[2]

在大墩子遗址还发现一种纹饰相当繁复的彩陶，过去一些研究者认为很难分解观察，可如果采用反视法读它的阴纹，问题就简单多了。我们发现它不过是由八对正背相对的单体旋纹错落有致地排列而成的，母题仍不过是单体的旋纹，是目前所知构图最为繁复的双旋组合。这类旋纹组合在山东兖州王因遗址也有发现，向相反方向旋转的双旋纹两两相对，构成兽面模样，致使有的研究者将它认读为兽面纹（图谱 T.1847、1895）。

大汶口文化彩陶上的旋纹既有单体连续式和复杂组合式，也有正旋式和反旋式，到了晚期还有叠旋和杂旋式。叠旋纹多为比较规则的多股旋臂，一般为单体形式，左右两个旋纹旋臂彼此不相连接，

1　南京博物院：《江苏邳县四户镇大墩子遗址探掘报告》，《考古学报》1964 年 2 期；南京博物院：《江苏邳县大墩子遗址第二次发掘》，《考古学集刊》第 1 集，中国社会科学出版社，1981 年；江苏省文物工作队：《江苏邳县刘林新石器时代遗址第一次发掘》，《考古学报》1962 年 1 期；南京博物院：《江苏邳县刘林新石器时代遗址第二次发掘》，《考古学报》1965 年 2 期；中国科学院考古研究所山东队：《山东曲阜西夏侯遗址第一次发掘报告》，《考古学报》1964 年 2 期；中国社会科学院考古研究所山东队：《西夏侯遗址第二次发掘报告》，《考古学报》1986 年 3 期。

2　山东省博物馆等：《邹县野店》，文物出版社，1985 年。

如泰安大汶口遗址一件背壶肩部就绘有六旋臂的叠旋图案（图谱 T.1830）。杂旋一般为双旋纹或叠旋纹的二方连续形式，左右旋纹的旋臂连为一体，构成涡纹式图案，这类彩陶标本在泰安大汶口和邳县大墩子遗址都有发现（图谱 T.1825、1826、1885、1886）。大汶口文化的叠旋纹彩陶对辽东半岛也有影响，长海小珠山和旅顺郭家村遗址，都见到典型的二方连续式旋纹。[1]

在红山文化彩陶中，除了见到少量与庙底沟文化大致相同的旋纹（图谱 P.110），也有一些表现有自身特点的旋纹，有重列的单旋纹，还有旋心不大明确的双旋纹和二方连续式杂旋纹（图 8）。在内蒙古赤峰红山后等遗址，有一种重行排列的卷钩样纹饰，有的研究者称之为"三角钩连涡纹"。[2]这种图案呈现规整的二方连续结构形式，常常以重行排列的方式出现，有时平行排列多达 6 行（图谱 T.1778—1780、1790）。采用阴纹方式反视这些图案，它们实际上是非常严谨的单旋纹，三角和弯钩状阳纹都是衬底纹饰。

红山文化中还有一种平行排列的二方连续图案，基本单元为一个旋心不很明显的双旋纹，左右旋纹的旋臂彼此不相连接。有的时候左右旋臂连为一体，构成标准的二方连续图案。当然，我们观察到的旋纹无一例外都是以阴纹方式表现的，如果观察阳纹，那也只是一些按正倒不同方向排列的弧边三角纹而已。在辽宁凌源县牛河梁遗址出土的一件完整的带盖彩陶罐上，就绘有这样的二方连续式旋纹，图案呈三行排列，都是以黑彩弯头弧边三角形为衬底，旋式

1　许玉林：《概述大连地区彩绘陶》，《史前研究》1987 年 2 期。

2　郭大顺：《以辽河流域为中心的新石器文化》，《考古学报》1985 年 4 期。

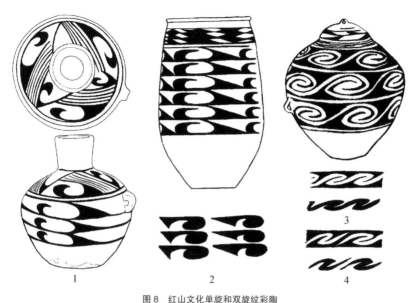

图 8　红山文化单旋和双旋纹彩陶

1、2. 内蒙古赤峰红山后　3、4. 辽宁凌源牛河梁

阴纹构图非常严谨，它是红山文化最精美的典型旋纹彩陶之一。[1]

　　我们还注意到，红山文化一些遗址发现的一种"勾云形玉佩"，佩心部位都有单旋或双旋，这正是人们将它名为"勾云"的根据，其实完全可以正名为"旋式玉佩"，它所具有的含义与旋纹彩陶当不致有太大区别。

　　在内蒙古中南部，有一支相当于仰韶文化晚期的文化，以托克托县的海生不浪遗存为代表，命名为海生不浪文化。在海生不浪遗址出土了几件双旋纹彩陶，就结构形式看，与红山文化的二方连续

1　辽宁省文物考古研究所：《牛河梁红山文化遗址与玉器精粹》，文物出版社，1997 年。

式杂旋纹相同。[1] 清水县白泥窑子遗址，不仅发现了单旋纹彩陶（图谱 P.106），而且还出土了从器形到纹饰都与庙底沟文化没有区别的叠旋式纹饰彩陶。[2]

庙底沟文化的后继者是西王村文化。主要分布在豫陕晋一带的西王村文化并不以彩陶为显著特征，相反彩陶明显衰落下去，在多数这时期的遗址中几乎见不到彩陶出土。少数遗址发现的数量有限的彩陶片，上面一般仅绘有十分简单的几何线条。不过我们注意到，分布在陇东一带的与西王村文化年代相当、内涵相近的晚期仰韶文化中，彩陶却仍然非常流行，它为探查庙底沟文化彩陶的去向，保存了重要的线索。

以甘肃秦安大地湾第四期文化为代表的仰韶文化晚期遗存，有的研究者归入马家窑文化的石岭下类型，有的则归入仰韶文化的西王村类型，或直接称之为西王村文化。遗存中出土的彩陶数量也不少，纹饰中最有代表性的就是旋纹。同类遗址发现的彩陶旋纹有时体现有鸟形的图案特点，有的研究径直将它归入鸟纹之列，实际上与其他旋纹并无二致，由此看来，它受庙底沟文化彩陶表现方式的影响是相当深刻的（图谱 T.98、99、102—104、106、117）。宝鸡福临堡第三期文化为西王村文化，与大地湾遗址四期文化接近，几件尖底瓶上的白彩旋纹，就是由庙底沟文化的旋纹发展而来的，[3] 变化较大的是，福临堡所见的旋纹是直接以白彩绘成的，上旋与下旋

---

1 北京大学考古系等：《内蒙古托克托县海生不浪遗址发掘报告》，《考古学研究》（三），科学出版社，1997 年。

2 崔璇等：《内蒙古清水河白泥窑子 C、J 点发掘简报》，《考古》1988 年 2 期。

3 宝鸡市考古工作队：《宝鸡福临堡》，文物出版社，1993 年。

已非常明确地连为一体，左上旋延长至右方变为下旋，后来它就成了马家窑涡纹的主要构图形式。因为用的是白彩，对尖底瓶上的旋纹可以直接认读阳纹，这是少有的例外。

马家窑文化中大量称为涡纹的彩陶，也与庙底沟文化的旋纹具有明显的渊源关系。这些涡纹其实都可归入旋纹之列，很多都是以弧边三角作衬底构成的，有明确的旋心，一般都是双旋式的二方连续结构形式（图谱 T.123、127—129、133、161、172、189）。马家窑文化彩陶上也见有单旋纹，甘肃东乡林家遗址的一件彩陶壶，在腹部的一组弧线内，以顶端带小弧边三角的单股线条绘出一个单臂旋纹，非常简练（图谱 T.186）。马家窑文化彩陶上也有单体双旋纹（图谱 T.169、170、182、183）和平行的叠旋纹（图谱 T.253、264）及竖行的叠旋纹（图谱 T.197），它们同庙底沟文化的明显区别是，很多已直接采用阳纹方式表现。在半山类型文化中也有不少典型的旋纹彩陶，多为二方连续图案，构图较为严谨（图谱 T.332、357、359、371、382、393、399、412—414、463、465、472、473、483—488、515—520）。马厂类型文化中典型的旋纹彩陶已不多见（图谱 T.828、853），但许多十字纹或变体十字纹，其实都是旋纹的变体，是旋臂图案化的结果。[1]

让我们感兴趣的是，旋纹图案的阴纹表现方式在西北地区时代较晚的辛店文化唐汪式陶器中，还有上乘表现，也是以弧边三角作为衬底，以阴纹表现旋纹，旋纹多为二方连续形式（图谱 T.1442、1443、1445—1448、1450—1453、1455、1456、1460—1465）。旋式

1　刘溥：《青海彩陶纹饰》，青海人民出版社，1989 年。

彩陶在甘青地区最受重视，材料非常丰富，在此不能一一提及，也不拟列表附图。

在新疆地区，旋纹彩陶也有发现，木垒县四道沟见到的彩陶片上就有阴纹单旋图案（图谱 P.133），在吐鲁番艾丁湖、乌鲁木齐鱼儿沟也出土了单旋和双旋纹彩陶（图谱 T.1994、1996、1997、2003、2004）。我们再把视线转向南部的新石器文化（表 3）。

表 3　黄河地区以外"旋纹"彩陶统计表

地点＼分类		文化类型	Ⅰ-单旋	Ⅱ-双旋	Ⅲ-叠旋	Ⅳ-杂旋	Ⅴ-混旋
1	内蒙古托克托县海生不浪	海生不浪文化				*	
2	内蒙古清水河县白泥窑子	～	*		*		
3	内蒙古赤峰西水泉	红山文化	*				
4	内蒙古赤峰红山后	～	*				
5	辽宁凌源牛河梁	～	*	*			
6	辽宁凌源三官甸子	～	*				
7	河北蔚县三关	?	*				
8	河南淅川县黄楝树	屈家岭文化				*	
9	四川巫山县大溪	大溪文化				*	
10	湖北枝江县关庙山	～			*		
11	湖北松滋桂花树	～				*	
12	湖北黄冈螺蛳山	?	*		*		*
13	湖北京山县屈家岭	屈家岭文化				*	
14	湖南华容县车轱山	～		*			
15	湖北天门市石家河	石家河文化	*	*	*		

　　　　　　　　　　　　　　　　　　　　　日月崇拜

大溪文化彩陶也以旋纹作为一个重要题材。湖北枝江县关庙山遗址见到与陇东地区非常接近的叠旋纹彩陶片，松滋县桂花树遗址则发现了二方连续式旋纹彩陶片（图谱 P.127）。四川巫山县大溪和松滋县桂花树发现有单体双旋纹，旋臂表现出较强的装饰意味（图谱 T.1953、1967）。大溪遗址还出土一件图案较为复杂的朱绘黑陶，绘二方连续式叠旋纹（图谱 T.1952）。在一些遗址彩陶上较多见到的绞索纹，其实也是旋纹的变体（图谱 T.1994—1996、1954、1961、1968）。

屈家岭文化也有一定数量的旋纹彩陶，有双旋纹，也有叠旋纹（图 9）。湖北京山县屈家岭、湖南澧县梦溪遗址，都见到一些旋纹彩陶（图谱 P.128、131）。湖南华容车轱山遗址的一件彩陶壶肩

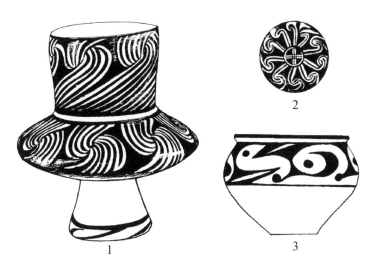

图 9　屈家岭文化旋纹彩陶

1. 河南淅川县黄楝树　2. 湖北京山屈家岭　3. 湖北黄冈螺蛳山

左旋右动

部，绘一周二方连续式双旋纹。[1] 屈家岭遗址还有一件彩陶器盖，绘10个双旋纹，都有一条较直的旋臂指向盖纽（图谱 T.1974）。河南淅川县黄楝树遗址的一件彩陶壶，壶腹和壶颈绘两排叠旋纹，旋臂数量不等，两旋纹之间的旋臂互不连接，旋心不显（图谱 T.1940）。引人注意的是，湖北黄冈螺蛳山遗址的一件彩陶罐，纹饰风格与庙底沟文化非常接近，图案为混旋组合，有带旋心的单旋纹，也有形似双旋的叠旋纹，叠旋的主旋臂与副旋臂区分得很清楚（图谱 T.1939）。

在石家河文化的彩陶纺轮上，有构图简练的单旋纹、双旋纹和叠旋纹，这些纺轮引起过许多研究者的关注（图谱 P.130，T.1982—1984）。

东南一带，发现彩陶不多，崧泽文化黑陶罐上有朱绘旋纹，为二方连续样式（图谱 T.1915）。在崧泽和其他年代相当的文化中流行陶器镂孔工艺，其中旋纹就是主题之一，常用圆形和三角形镂孔作为衬底，保留部位就形成了旋纹纹饰带。过去研究者只注意观察镂孔的形状，而忽略了未镂部位显示的纹样，犯了与彩陶解读只读阳纹相似的错误。

昙石山文化彩陶上的回纹，表现有单旋纹的特点，可以看作是一种变体旋纹（图谱 P.121）。台湾高雄凤鼻头文化遗址出土的一件彩陶罐，由颈部至腹部满绘单旋纹，虽然排列欠整齐，但旋心与旋臂却描绘得比较清楚，也是以阴纹方式表现旋式结构的（图谱 P.123）。

1　湖南岳阳地区文物工作队：《华容车轱山新石器时代遗址第一次发掘简报》，《湖南考古学辑刊》第三集，岳麓书社，1986 年。

将各地发现的旋纹彩陶大致罗列出来以后，我们对它的流传过程已经有了一个初步的印象。其实关于新石器时代旋纹彩陶的传播，过去已有研究者进行过探讨。苏秉琦先生 1985 年在山西侯马晋文化研究会的发言，讲到庙底沟时期"花卉"图案彩陶的传播，[1]他说：

> 仰韶文化的主要文化特征是两种小口尖底瓶（壶罐口、双唇口），两种花卉图案彩陶（玫瑰花、菊花），两种动物图案彩陶（鱼、鸟），是两类六种。其中生命力最强的是双唇口尖底瓶和玫瑰花图案彩陶……玫瑰花的完整图案是包括花、蕾、叶俱全的"一枝花"，向东去，洛阳郑州间仰韶文化中的玫瑰花是"一朵花"，而不是"一枝花"。向东北方向，经过山西省境，到达河北省西北部张家口地区蔚县西河营一带（属仰韶文化传布范围）的玫瑰花则是"一枝花"……而"一朵玫瑰花"图案彩陶更远达辽宁朝阳、阜新地区大凌河流域红山文化范围，并有一个相当时间的发展序列，始终保存着玫瑰花"覆瓦状"花冠构图基本特征。

他在根据这个发言改写的另一篇文章中，依然表达了这样的认识：[2]

> 源于陕西关中西部的仰韶文化，约当距今六千年前分化出一个

1　苏秉琦：《晋文化问题》，《华人·龙的传人·中国人——考古寻根记》，辽宁大学出版社，1994 年。

2　苏秉琦：《谈"晋文化"考古》，《华人·龙的传人·中国人——考古寻根记》，辽宁大学出版社，1994 年。

支系（宝鸡北首岭上层为代表），在华山脚下形成以成熟型的双唇小口尖底瓶与玫瑰花枝图案彩陶组合为其基本特征的"庙底沟类型"，这是中华远古文化中以较发达的原始农业为基础的、最具中华民族文化特色的"火花"（花朵），其影响面最广、最为深远，大致波及中国远古时代所谓"中国"全境，从某种意义上讲，影响了当时中华历史的全过程。

这里所说的花卉纹，自然就是本文所说的"旋纹"，苏秉琦先生对花卉纹传播途径的推论和含义的评说，我们可以看作就是对旋纹彩陶而言的。当然就旋纹而言，它所涉及的地域更为广泛，涉及的文化类型也更为众多。我们对张朋川先生在《中国彩陶图谱》中所列2 000余件彩陶进行了粗略统计，发现有300件以上绘有旋纹或与旋纹有关的纹饰，占1/7强，数量不能不算多。发现有各式旋纹的新石器文化类型有10多个，它们主要分布在黄河流域，有的则分布在长江流域或更远的地区（表4）。

在不同文化中见到的彩陶旋纹，有的联系密切，有的又较为疏远。从总体情形看，在时代大致相近的庙底沟、大河村、大汶口和红山文化中，相似性表现得更为明显一些。它们之间的比较，通过将用反视方式绘出的各种旋纹排列在一起，可以获得明晰的印象（表5），在此不备细说。

在此还要提到的是，旋纹装饰在史前并不仅仅出现在中国范围内，在中国以外的地区也有发现。这些发现之间所体现的关系，还有待深入研究。

表4 "旋纹"彩陶在中国新石器文化中的分布

文化 \ 分类	I-单旋	II-双旋	III-叠旋	IV-杂旋	V-混旋	主要分布地区
1 庙底沟文化	*	*	*		*	豫、晋、陕、甘
2 西王村文化			*	*		豫、晋、陕、甘
3 马家窑文化	*	*	*	*	*	甘肃、青海
4 半山文化		*	*	*	*	甘肃、青海
5 马厂文化				*		甘肃、青海
6 辛店文化	*			*		甘肃、青海
7 大河村文化	*	*	*		*	河南
8 大汶口文化	*	*	*	*	*	山东、江苏
9 红山文化	*					辽宁、内蒙古
10 大溪文化				*		湘、鄂、川
11 屈家岭文化		*	*			湖南、湖北
12 石家河文化	*	*				湖北
13 崧泽文化				*		太湖流域
14 昙石山文化	*					闽江流域
15 凤鼻头文化	*					台湾

表5 各式旋纹彩陶在几个文化中的分布

	单旋纹	双旋纹	叠旋纹	杂旋纹
庙底沟文化				
大河村文化				
大汶口文化				
红山文化				

左旋右动

四、由　来

旋纹彩陶流传的范围有如此之大，考察它的传播途径是比较困难的。我们推测它的传播方式可能是放射性的，是由一地起源后，向周围递进传播。寻找到旋纹彩陶的起源地，就等于寻找到了这个放射源。

在以往的彩陶研究中，研究者曾就仰韶文化几类主要几何形纹饰的由来，进行过非常有意义的探讨，在一定程度上厘清了发展演变脉络。当然这种探讨在资料有限的情况下，不可避免地会带有明显的主观色彩，部分认识还有待完善，但人们还是比较乐于接受这些尚欠完备的结论。我们在这里要追索中国新石器时代彩陶上的旋纹的起源，面对的也将是这样一种局面，尽管目前还不能获得完满的解释，可又不能不作一次尝试，这是旋纹研究不能回避的一个重要问题。

探究彩陶旋纹来源的努力，过去主要侧重在由写实向抽象演变轨迹的寻找上，所以就有了勾羽纹来自鸟纹、旋花纹来自鱼纹、花卉纹来自玫瑰等说法。的确有不少几何形图案是动植物形图案夸张变形的结果，但旋纹是否如此，还需要仔细研究。现有的旋纹出自鸟、鱼和玫瑰的说法，本来都是可以自圆其说的，可是对于同一个问题作出这样三个完全不同的解释，我们无法判断其中哪一个正确或比较正确，感到还应当从另外的途径进行思考。

我们先就旋纹的表现形式上着手，探求它的由来。本文讨论的旋纹彩陶，在彩绘方法上，主要是以阴纹来表现的，这种阴纹绘法，在半坡文化的彩陶上已开始采用。从整体上观察，这种艺术表现手法，在半坡文化彩陶中运用得不是很普遍，多是盆类器口用黑彩飞白的方式绘出连续图案，如姜寨和龙岗寺遗址都见有这样的彩陶。半坡文化时期也见有少数整器采用阴纹方式表现的彩陶，具体的例证在下面还要提到。在庙底沟文化时期，以阴纹方式表现的彩陶纹饰并不仅限于旋纹一种，大量的花瓣纹等采用的都是阴纹方式，这就是一些研究者所说的"阴阳纹"。

再由纹样的结构观察。我们已经知道，在大量的旋纹彩陶中，见到不多的大画面的单体双旋纹，它在庙底沟、大河村、大汶口文化中都有发现。如彬县下孟村、夏县西阴村、郑州大河村、泰安大汶口、邳县大墩子都有这样的双旋纹。我们虽然不能论证类似单体双旋纹的时代在所有旋纹中是最早的，但可以作出一种判断，它们应当是叠旋和杂旋等复体旋纹出现的基础。旋纹最早出现的形态，可能是单体形式，虽然单体旋纹与复体旋纹一直相始终，但我们不能否认由简单到复杂的发展脉络。严文明先生在讨论庙底沟遗址彩陶各式"回旋钩连纹"的早晚时，根据地层关系提供的证据，也是以结构简单的单体双旋纹为早出的形式。[1]

现在的问题是，这种单体双旋纹是如何出现的。与单体双旋纹共存的还有一种单旋的单臂旋纹，它是双旋纹的半体形式，因为它很明显是构成双旋纹的基本单元，所以称它为单旋纹。这种单旋纹在庙底沟和大河村文化中都有发现，只是在数量上没有双旋纹多，在大汶口文化中也有不多的单旋纹。

---

1 严文明:《论庙底沟仰韶文化的分期》,《仰韶文化研究》, 文物出版社, 1989 年。

我们知道，半坡文化彩陶的基本构成方式主要是直线和折线，而庙底沟文化彩陶则以弧线为主要表现方式。旋纹又是纯以弧线表现的纹样，所以寻求弧线的出现与变化，也许能够找到一些关键线索。半坡文化晚期，出现了一定数量的以弧形线条构成的纹样，如姜寨遗址二期的大型尖底罐上，已见到用弧边三角衬出的花瓣纹图案，而且是以阴纹为表现方式的。另有一件器盖上见到多瓣式花瓣纹，构图均衡对称，也是阴纹表现方式，与庙底沟文化彩陶没有区别。[1] 又如南郑县龙岗寺半坡文化晚期 9 号瓮棺葬具，有一件是直径达 43.2 厘米的大型彩陶盆，为细泥红陶质，器身内外并无纹饰，但在宽平的口沿部采用阴纹表现方式绘有一周纹饰，阳纹有弧形块、弧边三角等，阴纹则显现有桥形、花叶纹等。[2] 弧边三角纹在彩陶上的运用，可以肯定开始于半坡文化晚期。大地湾半坡文化彩陶上鱼纹的头部，已出现了弧边三角纹（图谱 T.43、44），弧边三角纹还离开鱼体，与鱼纹共见一器（图谱 T.47）。同样的例子也见于关中地区，武功县游凤遗址见到一例，弧边三角纹与鱼纹共见于一件彩陶盆上（图谱 T.1560）。又如陕西合阳县吴家营遗址，见到一些以弧边三角为构图的纹样，在编号为 T5M5：1 的葫芦瓶上，满绘着弧线组成的纹样，中心为一圆点，上下都有弧线图案，已初露旋纹的端倪。[3] 特别值得注意的是，姜寨二期编号为 ZHT5M76：8 的彩陶尖底罐，绘有卷曲的变体鱼纹，鱼身已简化为一条弧线，鱼头则化

1　西安半坡博物馆等：《姜寨》，文物出版社，1988 年，图一八四。

2　陕西省考古研究所：《龙岗寺》，文物出版社，1990 年，图八二。

3　陕西省考古研究所：《陕西合阳吴家营仰韶文化遗址清理简报》，《考古与文物》1990 年 6 期。

为圈中带点的图形，在整个图形的外围圈绘着一条弧线，呈明显的单旋状。[1] 只由此一例，当然不能确定旋纹是由鱼纹演变而成的，但这件彩陶确实是一个重要的线索。我们至少可以获得这样一个认识，旋纹彩陶的出现在半坡文化晚期已奠定了基础。有研究者注意到在半坡文化晚期，彩陶中弧线、曲线、椭圆、圆点、凹边三角已占有相当大的比例，[2] 这就是旋纹出现的基础。

在这个基础上，我们可以暂时作出保守一点的估计：标准旋纹的出现最早应当是在关中或与它邻近的地区，很有可能是在陇东一带，那里不仅有旋纹演变的完整序列，而且旋纹作为彩陶的传统主题，一直使用到相当晚的时代。旋纹形成的最早时代，当为庙底沟文化早期，年代在距今 6 000 年上下。当然早期阶段的旋纹彩陶标本，现在能确认的还不多，还要等待新的发现。

五、演　化

彩陶旋纹图案的绘制有一定的法则，由于陶工在运笔上彩时，他们要体现的图案全都在那些无彩之处，所以不仅要有统观全局的头脑，而且每下一笔都要心中有数，否则一画之差就可能面目全非。可以体验一下，我们在没有经验的时候，即便是在一页平展的纸张上画出哪怕是一个单元的双旋纹饰，也不是一件轻松的事。当然熟练之后又是另一回事了，虽然不一定画得很美，但基本结构不会出

1　《姜寨》，文物出版社，1988 年，图一八三。

2　王志俊：《试论姜寨二期遗存的文化性质》，《史前研究》1985 年 3 期。

现问题。由此可以推测，史前能够熟练绘制出旋纹的陶工，当时一定具有较高的艺术素养。我们在前文归入草绘旋纹的那些例子，在有些标本上，我们还明显看出笔法没有到位的现象，可能就是不熟练陶工的作品。

就整体感觉而言，大汶口文化的双旋纹和红山文化的单旋与双旋纹绘制最是精巧，大河村文化也还不错，只是在庙底沟文化中，除了有许多精品外，也有一定数量的绘制较为草率的旋纹彩陶，用笔不到位，有时令我们难以准确地辨认。

在庙底沟和大河村、大汶口文化彩陶上见到的旋纹，不论从艺术表现手法上看，还是从布局结构上看，它都是一种相当成熟的图案。旋纹在彩陶上的出现，似乎较为突然，它的演化脉络也不是很清晰。彩陶中各类旋纹出现的时限，根据现有的材料，还不能完全考究明白，不过大致的线索还是可以寻找到的，我们可以由这个途径探讨旋纹变化的轨迹。

我们在上面已将彩陶上的旋纹粗略划分为单旋、双旋、叠旋、杂旋和混旋几种型式，它们出现的先后顺序大体是单旋—双旋—混旋—叠旋—杂旋，单旋和双旋为基本型式，其他均为派生纹样，以时代而论，当然是基本型为早，而派生型为晚。单旋和双旋在后来出现频率也很高，但已与早期的纹样有了一些区别。在单旋与双旋之间，哪个出现更早一些，依现有的材料还不能作出准确的判断，从理论上考虑应当是先有单旋，而后才有双旋，但我们还没有找到确切的地层证据来证明。我们主要根据庙底沟文化的彩陶，并参照其他文化的资料进行排比，得到了这些初步的认识。

按照排列形式分析，旋纹还表现有"三行"样式的区别，即平行、竖行、圜行。具体排列特点如下：

平行　平行排列的旋纹，一器上绘两个以上的旋纹，纹样的大小和所在的水平高度相同。平行绘出的旋纹还可以细分为连续与不连续两种样式，不连续的旋纹彼此是独立的，中间往往有其他的附加纹饰作间隔；连续的旋纹左旋的上臂延至右旋为下臂，或左旋的下臂延至右旋为上臂，构成比较标准的二方连续图案。

竖行　旋纹彼此不直接联系，中间也不一定绘有其他的间隔纹样，但排列成类似的二方连续图案。

圜行　数个旋纹成圜状排列，一般绘制在具备较大圆形环境的浅腹的器内或器盖上，旋臂一般彼此连接，也有互不连接的。

单旋和双旋纹都有"三行"排列形式，多数构图较为简练。杂旋的"三行"样式则复杂多变，出现的时代也晚一些。

旋纹的"三行"样式，以平行样式最为常见，以竖行样式少见，以圜行样式出现最晚。

庙底沟文化双旋纹的双股旋臂，一般以上下方式排列，有时旋臂延伸很长，前一旋纹的上旋臂延展至后一旋纹而变为下旋臂，这样的旋纹实际上已具备了标准二方连续图案特征，它是庙底沟文化较为晚出的一类旋纹。这种演变趋势，在大汶口文化彩陶中同样可以看到。大汶口文化晚期不仅见到早期的单体排列的类似二方连续图案的旋纹，而且出现了标准的二方连续旋纹。红山文化中的二方连续旋纹，时代也较晚。

在发现有旋纹彩陶的一些新石器文化中，旋纹还以其他艺术形式出现在陶器上。善于在陶器圈足部位作镂孔的大汶口人，常用三角和圆孔组成的装饰带，其实多为二方连续旋纹图案，借用的是彩陶旋纹的表现意境。

张朋川先生已注意到仰韶文化的旋纹与陶寺文化旋纹之间存在明显的关系，都是以弧边三角为基本结构形式的（图谱 P.213），说明旋纹在龙山时代还在继续运用。这种图案模式在后来还明显影响了青铜时代的铜器装饰，也影响了后来更为晚近的时代。作为一种图案而言，旋纹的影响十分深远，史前陶工所创造的这种图案模式，不仅影响了古代中国人后来数千年的艺术生活，而且继续为现代中国人的艺术生活注入活力。我们只要稍稍留心一点，在周围的生活中总可以发现旋纹结构模式存在的证据。这涉及纯艺术的范畴，我不准备展开讨论，这篇文字的容量毕竟有限。过去读过雷圭元的《中国图案作法初探》，[1] 书中详尽研究了古代艺术中的旋纹（他称为太极图形）图案，有兴趣的读者可以一读。

六、伴生图案

在庙底沟文化中，除了那些比较纯粹的旋纹外，在很多情况下与旋纹伴生的还有一些其他图案，主要有呈对生状态的叶片纹和附圆点、弧边三角的圆球状纹，还有平行线纹等（图 11）。在大汶口文化中，与旋纹伴生的纹饰与庙底沟文化有一些相似，也存在明显的区别。大汶口文化彩陶虽然见有与庙底沟文化相似的带有圆点、弧边三角的圆球状纹，可它一般并不同旋纹一起出现。

在有些彩陶上旋纹的附加图案并不全以阴纹方式出现，有的也

1　雷圭元：《中国图案作法初探》，上海人民美术出版社，1979 年。

　　　　　　　　　　　　　　　　　　　日月崇拜

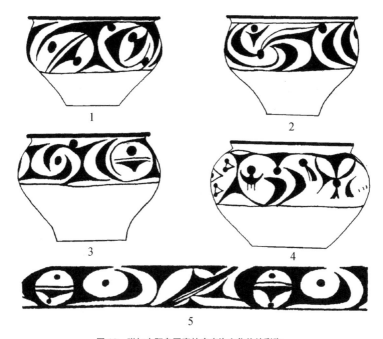

图 10 附加太阳鸟图案的庙底沟文化旋纹彩陶

1. 陕西华阴西关堡　2. 河南陕县庙底沟　3. 山西夏县
4. 山西芮县大禹渡村　5. 河南陕县庙底沟

以阳纹方式出现，认读并不困难。如我们在图案上看到的双斜线，就是以阳纹线条表现的。过去一些研究者认为这些双斜线是图案单元的分界线，并且用它来分割图案，其实它并不是图案的分界线，我们由夏县西阴村和河津县固镇遗址的发现看得非常清楚，它们叠绘在旋纹阴纹上，没有分割图案的意义。[1] 如果我们用这种斜线作为

1　山西省考古研究所：《西阴村史前遗存第二次发掘》，图四五，1；《山西河津固镇遗址发掘报告》，图七，1、2；《三晋考古》第二辑，山西人民出版社，1996 年。

一个界线，就明显地把一个完整的图案分割开了。这种斜划线一般都只压在阴纹花瓣和旋线上，在其他遗址的发现也大多如此。

这些与旋纹伴生的图案，在庙底沟文化时期虽然并不是旋纹必有的附加部分，却包含有相当重要的内容。因为它的重要，除了在下面论及旋纹的象征意义时要有所涉及外，我拟另作一文来研究，在这里就此打住。

七、象　征

现在还有一个重要问题需要解答：为什么这种彩陶纹饰在新石器时代流传的范围有如此之广，维系它生命力的能量是什么？

作为一种艺术图案的纹样，它的生命力主要依靠它的象征性维系，而象征性本身，就应当包含着某种特定的认知体系。我以为，在中国新石器时代，旋纹一定具有表现普遍存在的这样一种认知体系的功能，不然史前居民不可能对它表现出如此浓厚的兴趣，也不会如此普遍地接受它。

如果我们将旋纹只当作一种单纯的艺术表现形式来理解，问题可能比较简单。但是过去的研究并没有如此地简单化，人们论证旋纹来自鸟、鱼或花，以为它与鸟崇拜、鱼崇拜或花卉崇拜有关。现在看来，旋纹并不能认定是这三种自然物的抽象符号，所以将它归纳为某种自然崇拜观念的认识就有了重新定位的必要。要重新对旋纹的象征性进行定位，不是一件容易的事，我们现在无法确知它形成的真实社会与文化背景，所以相关的讨论只是初步的，或者只能算是一些推论而已。

首先我们思考的是，史前人生活的环境中有没有直接表现为旋纹图案的客体。过去一些研究者，包括我自己在内，试图用水的漩涡来解释彩陶上的波纹。我们知道螺壳上的旋形纹理也体现有旋动的特点，不过同水的旋动一样，这些自然状态的旋纹与本文讨论的旋纹毕竟相距太远，我们还得由另外的途径寻找答案。

　　从旋纹的特点看，它最有可能的是表现着一种运动方式，它不是直线运动，也不是波形运动，而是旋形运动。在史前人类的生活中，并不缺乏对这类旋形运动的观察，如纺轮的旋转、陶轮盘的旋转、舞蹈者的旋转等。这样一般的旋动，有没有可能激起陶工反复在陶器上进行描绘的兴趣呢？好像不大可能。

　　旋纹应当有它另外的象征意义之所在。还有更大的处于运动状态的物体，它们是包括地球在内的天体。人类对天体运行的观察，应当是从史前时代就开始了，《春秋纬·元命苞》说"天左旋，地右动"，未必就没有包纳史前的认识成果。中国古代天文学关于天体运行方式的描述，有左旋说和右旋说的分歧，以地球为静止状态的观察，所观察到的天体运行为"视运行"。[1] 视运行就是直观的体验，不论体验到左旋还是右旋，天体的旋动是无疑的，我也以为这种体验最早未必不是出现在史前。

　　那么，我们不妨作出这样一个假设：彩陶上的旋纹，是用于描述某天体运行方式的。对这类天体运行方式的描述，一方面来自直接的观测体验，另一方面则来自大脑的加工创造。最值得描述的天体，首选是太阳，这对于农耕时代居民来说是确定无疑的。旋纹可

1　郑文光：《中国天文学源流》，科学出版社，1979年。

能表达的就是太阳运行的方式，或者还有它运行的轨迹，甚至还表达有某些特别的天象。这样说，还有很重要的旁证，如在有些彩陶上单旋纹的旋心部位，绘有太阳鸟；与双旋纹一起出现的圆形图案内，也有类似太阳鸟的图形（图11）。中国新石器文化中普遍见到的旋纹，很可能是太阳（或者偶尔还包括了其他天体[1]）崇拜的衍生图案形式。只有太阳崇拜，才是可以令史前不同部族都接受的观念，也只有这样的宇宙观才能成为被广泛接受的认知体系。它不可能是某一文化共同体独自拥有的，这同一的认知模式，同一的表现方式，在黄河流域可能有共同的起源，它在关中或是陇东起源，然后向外部传播，它对中国史前文化的发展产生了深远的影响。

看到新石器时代那些大画面的单体旋纹彩陶，我想到有些研究者将时代晚得多的石家河文化彩陶纺轮上的单体旋纹，看作是后世太极图的源头。虽然我暂时还无意像有些研究者那样，将太极图形的出现追溯到如此久远的年代，但却相信古代中国人类似的形象宇宙观在仰韶文化时代一定已经形成了。[2] 我们现在熟悉的太极图，最早只能追溯到宋代，我们无法在这隔离了数千年的事物之间划上一个完全的等号。不过，冯时先生讨论太极图的原始，确实是追溯到

1　天文学家将大量星系划分为若干类型，有椭圆星系和不规则星系，还有一种旋涡星系。旋涡星系又分正常旋涡星系和棒旋星系，整体形状有双旋也有多旋，旋臂的形状与彩陶上的旋纹非常相像。其实整个银河系的结构，也是带有旋臂的旋涡状，它有三条叠旋的旋臂。这样说，并不是为了在旋纹彩陶与旋涡星系之间简单地划上一个等号，我们很清楚，对于星系和银河系的科学观察，是在望远镜特别是射电天文望远镜发明以后，这在远古自然是不可想象的事。不过这种相似，虽然可以看作是风马牛不相及，但又是那样的不可思议，我们不能完全不加以理会，我希望有研究者对此进行解释。

2　过去将古代中国太极图的出现，追溯到石家河文化的彩陶纺轮的研究者，他可能会向前跨出一大步，将我们讨论的在6 000年前出现、尔后盛行于各新石器文化的彩陶旋纹作为这个太极图形的雏样，不过论证还有很大的难度。

了史前时代，而且也是将它作为一种宇宙观体系理解的，[1] 这就启发我们重新认识原始天文学的发展水平。

从艺术表现形式上考虑，彩陶上的多数旋纹都是反衬式图案，陶工们在这一阶段并没有直接绘出旋纹图案，而是采用阴纹来表现，其中是否包含有特别的意义，现在还无从谈起。

我们对新石器时代的彩陶进行了重新解读，认定了过去没有确认的旋纹，并且通过初步研究，认为旋纹涉及中国史前时代已经形成的一个传布极广的认知体系，这很可能是一个宇宙认知体系，或者可以直接称为宇宙观体系。对于这个体系的内涵目前还不能完全确定，目前的研究尚处在猜想阶段。论证这个猜想，或者否定这个猜想，相信都不会没有用处。更有意义的是，旋纹装饰并非史前中国所独有，对于它的研究还有从更大范围进行考虑的可能。

结　语

在很多新石器文化中，尤其是在庙底沟、大河村、大汶口和红山文化中，彩陶上的旋纹常以阴纹形式出现，它迷惑了许多考古学家和艺术史学家，过去人们习惯于按阳纹认读彩陶上的纹饰，对旋纹来说，认读一直是失败的。现在由阴纹模式解读，所有疑问迎刃而解，我们在它出土数十年后发现它结构非常严谨，是史前陶工最富韵味的创作。这种图案结构影响了整个古代中国的艺术生活，还在继续影响着现代人的艺术生活。

1　冯时：《星汉流年——中国天文考古录》，四川教育出版社，1996 年。

旋纹不是普通的装饰纹样，也不是某个文化独有的纹样，它的生命力应当来自我们尚不能确知的它的象征性。它不是简单的写实性的象生图案，也不像是由客体直接抽象出来的一般几何形图案。旋纹图案可能隐含着中国新石器文化一个共有的认知体系，是一个目前还不能完全破解的认知体系，我们暂时可以将它假设或猜想为原始宇宙观体系，还有待更深入的论证。旋纹从一时一地形成，在完成起源的过程后，迅速向周围传播，以不变的方式或变化的方式流传，几乎覆盖了中国史前文化较为发达的全部地区。这不单单是一种艺术形式的传播，更是一种认知体系的传播。正是由旋纹图案的传播，我们看到了中国史前时代在距今 6 000 年前后拥有了一个共同的认知体系。

本文原名"关于史前中国的一个认知体系的猜想——彩陶解读之一"，发表于《华夏考古》1999 年 4 期。

神面旋目

引　言

　　中国史前艺术品中，有一些刻绘图像特别引人注目，有的图形不易认读，有的含义一时很难解说。在龙山文化玉器上见有一种十分特殊的"旋目"图像，让人难得其解。所谓"旋目"，是指史前玉器上见到的一种附带旋线的眼目图像，它同样还出现在彩陶和后来的铜器装饰纹样中。本文要在这里认读并论证其源流的"旋目"图像，并非新出土的资料，实际是旧题新作，是对中国玉器、彩陶及铜器纹饰旧资料的一点新认识。

　　这个新认识的形成纯属偶然。1998年清明时节，我有幸前往陕西参加公祭黄帝陵的盛大典礼，同时参与黄帝陵基金会在西安举行的一个传统文化学术研讨会。与会者除有不少大陆考古学家外，还有一些来自台湾的同行，学者们提交的论文有很多属于考古学方面的内容。在中国古代玉器研究方面卓有成就的台北故宫博物院邓淑苹女士，这次在大会上发表的是一篇讨论中国"玉器时代"的论文。[1] 她在论文提要中有这样一段话：

1　邓淑苹：《黄帝之时，以玉为兵——我对"玉器时代"一说的看法》，研讨会论文，载《黄帝与中国传统文化学术讨论会文集》，陕西人民出版社，2001年。

虽然东夷集团的玉器，在器类上呈现较独特的面貌，但在花纹上，却与苗蛮集团玉器颇有相似之处。例如：围绕多层圆圈纹的大眼、具象与抽象的鹰鸟、戴介形冠帽的神祖像等。

她在会上放映了许多幻灯片，其中有几张良渚和龙山文化刻有"神祖"图像的玉器。由于银幕上的画面很大，我注意到那些神祖像的眼睛并不全是"围绕多层圆圈的大眼"，也有梭形凤眼，更有旋形眼。旋目神面的圆形眼目外，伸展出一两条弧形旋线，构成旋式眼形。印象中刻有旋目神面图像的几件标本，既有属于山东龙山文化的出土品，也有归属并不十分明确的传世品。

这些资料，过去虽然都比较熟悉，许多学者在论著中都曾引用，但是因为没有放大到这么大，所以现在看起来又觉得非常陌生。特别是看到玉器上的旋目神面图像时，让人觉得有些惊讶，这样奇怪的眼目，不会是普通的眼形。过去已有许多研究者在他们的论著中，对这些可能属于神灵的图像进行过研究，但都没有涉及眼形异常问题。这种旋目是一个比较完整的神面的组成部分，如果为这神灵取一个临时的名字，可以称之为"旋目神"。邓淑苹女士以"神祖"笼统指称这图像，所以也可以附和她的说法名之为"旋目神祖"。当时我为考证"旋目"的来历写下了一个提纲，准备在进一步查阅资料的基础上，对这些旧资料作出新的论证。最近本文即将定稿时，又读到几篇相关论文，获得了一些新的启示，知道很多研究者对这些资料都非常关注，认识有了越来越多的共同点。

龙山时代的"旋目"神面

翻检相关资料，发现刻绘着旋目神面图像的标本，以属于龙山文化的几件玉圭和玉饰最为典型，它们上面刻镂的纹饰都比较接近。其他新石器文化中带有旋目神面的标本也有一些，但多少有些区别。以下先对这些典型标本作一初步观察。

1. 山东日照县两城镇遗址出土龙山文化玉圭

1963 年由当地农民在遗址上采集所得，最初报道称为石锛，实为玉质，后来定名为玉圭。报道仅十分简单地提到，在玉圭的"正反两面均刻有类似兽面的纹饰，两面彼此不相同"，同时发表了线图和兽面纹的原大拓本。[1] 玉圭上的兽面后来被认作饕餮纹或神面，采用阴线刻成，正背神面有一定区别，但双眼皆为旋目，圆形眼球外面是一上一下向两个方向伸展的旋形眼线。正背神面旋目的不同，表现为旋形眼线一为双线，一为单线；双线者的上旋向下收缩，单线者的上旋向上翘起；前者眼瞳较大，后者眼瞳较小（图 1，1）。从整体风格观察，两个神面属于同一类型，这是龙山文化中发现的最典型的一件旋目神面图像标本。

2. 山东临朐县朱封村墓葬出土龙山文化玉饰

在 1989 年发掘的 202 号大墓中出土 1 件精美的玉笄，笄首嵌一

---

1 刘敦愿：《记两城镇遗址发现的两件石器》，《考古》1972 年 4 期。

1

130   日月崇拜

2

图 1　山东日照两城镇、临朐朱封村出土

　1. 山东日照县两城镇遗址出土玉圭

　2. 山东临朐朱封村墓葬出土玉饰

神面旋目

块雕玉牌饰，牌饰上以椭圆形和卷云形等形状的镂孔镂出眼、眉、鼻、口齐全的兽面。[1] 细细一看，兽面的眼形正是旋形，而且兽面的整个外轮廓形状与两城镇玉圭完全相同。两者之间也有一些区别，朱封牌饰上的旋目不是双旋而为单旋，环绕眼目的旋臂只有一条，构成了一个封闭的眼眶（图 1，2）。对这一件玉饰上的神面眼形，注意的人并不多，因为从线图上不易辨识清楚。不过邵望平女士在一篇论文中已有明识，而且她认为朱封雕玉牌饰还与下面要提及的台北故宫博物院收藏的一件玉圭上的兽面图案相似，应属同一时代。[2] 据近来一些研究者的复原研究，朱封雕玉牌饰上的图像确为旋目无疑。[3]

3. 台北故宫博物院藏龙山文化玉圭

资料最初公布时称为人面纹圭，正面主体纹饰为神面形象，神面有獠牙，梭形眼，耳部有坠饰。背面也刻有神面，"有两只大圆圈眼睛，下面是一个大鼻子，仿佛没有嘴，面上配着用云纹组成的纹饰"（图 2，1）。背面神面与两城镇玉圭完全相同，都是标准的旋目，圆眼外有一上一下两条旋线。[4] 此圭虽为传世品，时代确定为龙山文化时期，当不会有太大问题。

1　中国社会科学院考古研究所山东工作队：《山东临朐朱封龙山文化墓葬》，《考古》1990年7期。

2　邵望平：《海岱系古玉略说》，《中国考古学论丛》，科学出版社，1993年。

3　王青：《西朱封龙山文化大墓神徽饰纹的复原研究》，《刘敦愿先生纪念文集》，山东大学出版社，1998年。

4　那志良：《两件玉圭的时代》，《故宫文物月刊》40期，1986年。

4. 台北故宫博物院藏龙山文化玉圭

资料公布时称为鸟纹圭，正面刻有抬首展翅利趾的鹰纹，鹰为梭形眼。背面刻的是一只鸟的正面形象，眼为圆形，眼外环有两条一上一下的旋线（图2，2）。那志良先生特别注意到这一件的鸟纹和上一件的神面纹，"眼纹都是当中一个圆圈，由这个圈抛出一些弧线条"，[1]这正是旋眼的特征所在。值得注意的是，后来许多学者都指出，这件玉圭上所刻鸟纹的腹部，还有一个人面图形，而且这人面的眼形也是旋式，不同之处是它表现为单旋的特征。

5. 上海博物馆藏龙山文化石刀

刀身有三孔，两面均刻神面。正面一端有半边脸神面，靠近另一端有完整神面。背面也有一整一半的神面，只是完整神面的位置靠近刀的中部。正背两个完整神面的双目均具双旋特征，与两城镇玉圭相同，但神面上下都刻有介字形冠，似乎可以正视，也可以倒视。[2]

6. 天津市艺术博物馆藏龙山文化玉饰

玉饰为透雕作品，上面是一只与台北故宫博物院玉圭相同的立鸟图形，也是昂首展翅，圆目利趾。下面是一富于装饰意味的台座形，中间部位是一神面，神面双目为旋形，作单旋式（图2，3）。

---

1 那志良：《两件玉圭的时代》，《故宫文物月刊》40期，1986年。

2 东京国立博物馆编：《上海博物馆展》，中日新闻社，1993年。

1

2

日月崇拜

3

图 2　传世龙山文化玉圭上的旋目图像

　1、2. 台北故宫博物院藏玉圭
　3. 天津市艺术博物馆藏玉饰

神面旋目　　　　　　　　　　　　　　　　　135

与台北那件鸟纹玉圭相比，神面一在鹰腹，一在鹰尾之下，有异曲同工之妙。[1]这是一件少见的透雕旋目神面玉饰，是一件珍贵的龙山文化艺术品。

在国内外一些博物馆和私家收藏中还有类似旋目图像刻划的玉圭等玉器多件，特征与龙山玉圭大体相同，不再细述。[2]

良渚文化许多玉器上都刻有兽形神面，所见神眼多刻划为圆形，有一部分神眼有单旋特征，也发现了一些双旋眼目，不过整体风格与龙山文化旋目图像有一些差别。良渚旋目神面玉器出土数量较多，这里仅列举双旋目和单旋目神面图像各一例略作对比。

7. 浙江余杭县反山墓地出土良渚文化半圆形玉饰

1986年在12号墓中发现，编号为M12∶85。玉饰一面刻有巨目神面，兽面以夸张的目、鼻、嘴为主要结构单元，双目为圆圈形，目下各自在同一起点刻出两条旋线，一条环眼一周至鼻根处会合，另一条环内旋线半周至额头会合。值得特别注意的是，在神面的双目之间另外还刻有一条单旋线。[3]这是良渚文化玉器上发现的为数不多的双旋目图像，它与龙山文化的双旋目并不完全相同，不容易辨别出来，可称为假性双旋目（图3，1）。

---

1 《天津市艺术博物馆》，文物出版社，1984年。

2　邓淑苹：《雕有神祖面与相关纹饰的有刃玉器》，《刘敦愿先生纪念文集》，山东大学出版社，1998年。文中列举的相关玉器达26件，多数为传世品或流散器。

3　浙江省文物考古研究所反山考古队：《浙江余杭反山良渚墓地发掘简报》，《文物》1988年1期。

　　　　　　　　　　　　　　　　　　　　　　　　日月崇拜

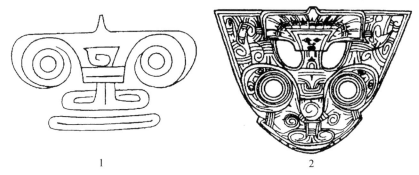

1   2

图3　良渚文化玉饰上的旋目图像

1. 浙江余杭反山墓地出土半圆形玉饰　2. 浙江余杭瑶山墓地出土玉牌饰

8. 浙江余杭县瑶山墓地出土良渚文化玉牌饰

1987 年在 10 号墓中发现，编号为 M10∶20。牌饰上部刻有戴冠的人面，下部刻巨目阔鼻宽嘴的兽面，为一简化的人兽复合图像。图像中的兽目最为显眼，为重圆圈形，外面环以椭圆形眼眶，眼眶并未封闭，为一条完整的旋线构成，始自两目下面靠鼻梁的部位，绕眼约一周，在鼻梁处连接在一起。[1] 这是一例典型的单旋目神面图像，我们同样注意到在双目之间也另外刻有一条旋线（图3，2）。

近年来一些学者对良渚神像进行了研究，从收集的全部图像看，并无龙山文化那样标准的双旋目。牟永抗先生曾撰文详细描述良渚文化玉器上的神面图形，[2] 虽然有少数神面的眼眶表现有单旋的特点，

1　浙江省文物考古研究所：《余杭瑶山良渚文化祭坛遗址发掘简报》，《文物》1988 年 1 期。

2　牟永抗：《良渚玉器上神崇拜的探索》，《庆祝苏秉琦考古五十五年论文集》，文物出版社，1989 年。

但是并不能确定是标准的旋目。郑振香先生亦曾注意到两城镇龙山玉圭上的神面在构图上与良渚文化"有所不同"，以为良渚玉器上神面双目上不见眉毛，而两城镇玉圭神面双目上的纹饰近似眉毛，两者风格不同。[1] 孙机先生在新近发表的一篇论文中，讨论了龙山与良渚神面"旋涡眼"的异同。他说形成良渚旋涡眼的沟槽是从外眼角向内卷绕的，而龙山神眼的线条却是从内眼角向外卷绕的，方向明显不同。[2]

不论是单旋目还是双旋目神面图形，良渚文化都不同于龙山文化。良渚神面左右旋目的旋线在绕过圆目后，最终都能在神面的鼻梁和额头会合为一体，而龙山文化神面左右旋目的旋线却是互不连接的。从现有材料进行的整体考察表明，山东龙山文化与良渚文化的旋目神面图像，并不属于一个体系，但是又似乎表现有一定的联系，说两者之间毫无干系，还不能遽下结论。从现有的资料判断，龙山与良渚文化的这类神祇可能不是一个系统。

"旋目"神面图像来源蠡测

我们注意到，旋目神面标准图像只见于山东龙山文化。为了考察它的起源，可以将龙山时期假设为旋目神面形象的定型期。同样也发现有旋目神面图像的良渚文化，与山东龙山文化有一段在年代上的重合发展时期，我们可以再作一个假设，即这两个文化中的旋

1　郑振香：《殷墟玉器探源》，《庆祝苏秉琦考古五十五年论文集》，文物出版社，1989年。

2　孙机：《龙山玉鸷》，《远望集——陕西省考古研究所华诞四十周年纪念文集》，陕西人民美术出版社，1998年。

　　　　　　　　　　　　　　　　　　　　　　　日月崇拜

目神面图像在年代上大体同时。这样，我们就可以由这两个文化向前追溯，寻找旋目神面图像的最初来源。

在良渚文化分布区更早时代的新石器文化中，还没有见到与旋目神面图像相关的材料，目前还无法判断良渚玉器上的旋目神面图像是否承自当地更早的传统。

在山东龙山文化分布区内的大汶口文化中，发现了一些重要的线索。山东兖州王因墓地[1]和江苏邳县大墩子墓地，[2]都发现有一种纹饰相当繁复的旋纹彩陶。王因遗址发现一件彩陶，图案是向相反方向旋转的两两相对的双旋纹，构成兽面模样（图4，1）。大墩子的发现也与此相类似，一件彩陶壶上有由八对正背相向错落有致排列的双旋纹图案（图4，2）。有的研究者认为这种彩纹"似为正倒相间的人面或兽面"，[3]其实它们正是旋目神面彩陶。让人感兴趣的是，大汶口文化有的彩陶上所绘的旋目神面多到四个或八个，而且彼此互相勾连，以双旋纹为基本构图，绘成了繁复的神面图像。这与龙山文化的玉圭双旋目神像，有明显的一脉相承的传统，发展演变关系非常清楚。

如果再将视野放宽一些，我们发现在庙底沟文化的彩陶中就已经有了典型的旋目神面图像。河南陕县庙底沟遗址出土一件旋纹彩陶罐，[4]上腹绘一周由四个双旋纹组成的图案，如果只观察其中的一

1　中国社会科学院考古研究所山东工作队等：《山东兖州王因新石器时代遗址发掘简报》，《考古》1979年1期。

2　南京博物院：《江苏邳县四户镇大墩子遗址探掘报告》，《考古学报》1964年2期。

3　栾丰实：《海岱地区彩陶艺术初探》，《海岱地区考古研究》，山东大学出版社，1997年。

4　中国科学院考古研究所编著：《庙底沟与三里桥》，科学出版社，1959年。

1

2

图 4　大汶口文化彩陶上的旋目图像

1. 山东兖州王因墓地出土
2. 江苏邳县大墩子墓地出土

　　　　　　　　　　　　　　　　　　　　日月崇拜

图 5　庙底沟文化旋目纹彩陶罐

河南陕县庙底沟遗址出土

个图形单元，那就是一个双旋纹，两个对称的背向旋纹就组成了一个典型的神面图形，四个旋纹正好构成两个神面（图 5）。

　　不仅在大汶口文化和庙底沟文化的彩陶上出现了旋目神面，北方的红山文化玉器上也有旋目神面。众说纷纭的"勾云形玉佩"，其实就是旋目神面繁简不一的造型。勾云形玉佩发掘品和传世品都不少，有各种不同的样式，已有学者进行了系统分类研究，[1] 它们作为红山文化的特征性器物，还将受到研究者更多的关注。我们这里选择几件勾云形玉器，来看看它的旋目特征。首先看台北故宫博物院藏勾云形玉佩，[2] 外形为 T 形，下方有三齿，中心有简略的神面，只刻出双眼，眼外以一单旋线构成眼形（图 6，1），表现的是单旋目神面。另一件勾云形玉佩属于标准的长圆形，[3] 下方有五齿，中心神

1　杜金鹏：《红山文化"勾云形"类玉器探讨》，《考古》1998 年 5 期。

2　邓淑苹：《带齿动物面纹玉饰》，《故宫文物月刊》119 期，1993 年。

3　邓淑苹：《蓝田山房藏玉百选》，财团法人年喜文教基金会，1995 年。

图6　红山文化旋目神面玉器

1、2. 台北故宫博物院藏玉佩　3. 天津市艺术博物馆藏玉佩　4—6. 红山文化出土玉佩

面亦仅刻双目（图6，2），是与前件标本相似的单旋目。天津市艺术博物馆收藏的一件勾云形玉佩，[1] 略为方形，下方有七齿，中心双目几乎占据整个佩饰表面，双目外既有下旋线，又有上旋线，表现出双旋特征，为同类玉器上不多见的双旋目（图6，3），是与龙山玉圭神面最为接近的一例。红山文化中还见到大量无睛式旋目玉佩，[2] 只见旋线而无眼目，是一种简略形式，有时双目旋线的方向并不一致。这种玉佩最简略的形式是单目单旋式，整体为一旋转的涡形，通常无睛，为独目式旋眼神面（图6，4—6）。

尤仁德先生在讨论红山文化勾云形玉器时，提及它与龙山玉圭

1　天津市艺术博物馆：《天津市艺术博物馆藏玉》，文物出版社、两木出版社，1993年。

2　方殿春、刘葆华：《辽宁阜新县胡头沟红山文化玉器墓的发现》，《文物》1984年6期；香港大利公司藏红山文化玉佩，《中国文物世界》102期；辽宁省文物考古研究所编：《牛河梁红山文化遗址与玉器精粹》，文物出版社，1997年。参见前引杜金鹏文。

存在密切的联系，但他只注意到两者都具有的"勾"状外形，并未解说旋形眼目的相似。[1] 在此之前，李缙云先生曾将红山双目勾云玉饰与后来铜器上的饕餮相提并论，而且以为单体的勾云玉饰有可能是双目勾云玉饰的简化形式，[2] 认识是可取的，应作如是观。前引孙机先生一文论及龙山文化神面旋目与良渚文化不同，却与红山文化玉器神面上的眼型一致，他指的正是勾云形玉佩，说两者的眼型如出一辙：

> 其旋涡眼系由两颊下部琢出的沟槽沿抛物线向额前延伸，再从内眼角向外卷绕，围住镂成圆孔的目睛。[3]

孙机先生由此认定龙山玉圭旋目神面同时兼有红山和良渚文化玉器的传统。现在看来，所谓勾云形玉佩应当就是各种样式的旋目神面，它卷云式的构图其实就是旋式眼目的象征。

红山文化各类带双眼的勾云形玉佩，是非常明白的旋目神面造像。那种发现数量很多的半体勾云形玉佩，实际可能是旋目神面的一只眼。这种单眼的勾云形玉佩在夏家店下层文化中还能见到，内蒙古敖汉旗大甸子墓葬中就出土过两件。[4] 郭大顺先生有一种解释，认为勾云形玉佩只作为红山文化大型墓葬中的随葬品，并非为通常

1　尤仁德：《勾云形佩及相关器物探研》，《故宫文物月刊》1995 年 20 卷 11 期。

2　李缙云：《谈红山文化玉佩饰》，《中国文物报》1993 年 4 月 25 日 3 版。

3　孙机：《龙山玉鸶》，《远望集——陕西省考古研究所华诞四十周年纪念文集》，陕西人民美术出版社，1998 年。

4　中国社会科学院考古研究所编著：《大甸子》，科学出版社，1996 年。

理解的佩饰，而是一种类似斧钺或权杖的神器，是神权与王权结合的一种体现。[1] 现在我们进一步指明它是一种以旋目为特征表现的神面，对于理解这种神器的意义应当会更有帮助。

根据现有的资料可以看出，早于龙山时期的若干新石器文化中，已经出现了标准的旋目神面。旋目神面图像最早可追溯到大汶口文化、庙底沟文化及红山文化时期，在龙山文化以前它已经出现在彩陶和玉器的装饰纹样上了，这表明对这类神灵的崇拜不仅很早就有了，而且传播的范围也很广。

再说新石器时代旋纹彩陶

不久前，我曾就新石器时代一种圆点弧边三角的"花卉纹"彩陶进行了新的解读，以反观阴纹（地纹）的视角认定它们是一种很有规律的旋纹图案。[2] 当时结论性的认识是：由庙底沟文化的"花卉纹"彩陶入手判读确认，中国史前彩陶中存在一个主流题材——旋纹。旋纹广泛见于庙底沟、大河村、大汶口、红山、大溪、马家窑、凤鼻头等文化的彩陶上（图 7）。旋纹结构非常严谨，是史前陶工最富韵味的创作。这种图案结构影响了整个中国古代的艺术生活，还在继续影响着现代人的艺术生活。旋纹不是普通的装饰纹样，也不是某一个文化独有的纹样，它从一时一地形成，在形成之后，迅速

1　郭大顺：《中华五千年文明的象征》，《牛河梁红山文化遗址与玉器精粹》，文物出版社，1997 年。

2　王仁湘：《关于史前中国一个认知体系的猜想——彩陶解读之一》，《华夏考古》1999 年4 期。

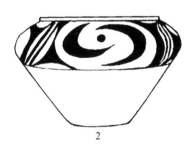

图 7　新石器时代彩陶上的旋纹图案

1. 庙底沟文化（河南陕县庙底沟）　2. 大河村文化（河南郑州大河村）

3. 大汶口文化（江苏邳县大墩子）

向周围传播，几乎覆盖了中国史前文化较为发达的全部地区。这不单单是一种艺术形式的传播，更是一种认知体系的传播。正是由旋纹图案的传播，我们看到了中国史前时代在距今 6 000 年前后拥有了一个共有的认知体系。

虽然这个说法对很多考古学家和艺术史家来说，可能不易接受，但我相信学术界最终一定会根据这个解读修订传统认识的。现在有了旋目神面图像的重新认读，我更加坚定了对旋纹彩陶的新解说，相信两者之间存在互证关系，它们内在的联系非常紧密。彩陶上所见的旋目与旋纹，时代一致，特点相似，旋纹可能就是旋目神面的图案化或最初形式，它有时以圆点为目，有时又省略了目形。庙底沟、大河村、大汶口文化的双旋纹彩陶特征相同，都与旋目神面接近，或许它就是旋目神面的一种变体。我们可以进一步推测，广布于中国新石器文化中的彩陶旋纹，本身已经具有了神格。

旋形是表现力很强且极具魅力的一种图案形式。我们看到现代的广告画，将太阳画成了一个带有光芒的螺旋形，而这样的螺旋形太阳图案早在史前陶器上就能见到，台湾台南六甲顶大湖文化遗址就发现了螺旋式太阳纹陶片。[1] 我们也看到魏晋时代彩绘画像砖上女娲手举的月亮中绘一蟾蜍，绘有四足双眼的蟾蜍身体为一非常简略的螺旋形。[2] 我们还发现大量商周青铜器上的饕餮，都以各式旋线（回纹）为地纹……彩陶之旋，神面之旋，日月之旋，在这些旋动的节律中，我们对古今一脉相传的认知方式有了更多的了解。

---

1 国分直一、金关丈夫著，谭继山译：《台湾考古志》，台北武陵出版有限公司，1990 年。

2 张掖地区文物管理办公室等：《甘肃高台骆驼城画像砖墓调查》，《文物》1997 年 12 期。

商周铜器纹饰中的旋目神面踪迹

从庙底沟和大汶口文化时期开始出现的旋目神面像，似乎经过龙山时代的精雕细刻，之后就失去了踪迹。至少在大量见于商周铜器上的饕餮纹中，基本未见旋目特征，饕餮的双眼一般都是固定的"臣"形眼或梭形眼，很难发现确定的旋目形状，似乎可以判定，这种神面在龙山文化之后已经消失了。

不过在进一步翻检商周铜器纹饰时，我们注意到一种常见的"目雷纹"，它从图形结构上看，完全是仰韶文化彩陶旋纹的翻版，耐人寻味。其实商代铜器上和一些玉器上习见的"目雷纹"，可能就是史前旋纹图案的变体。围绕圆形目纹的雷纹，由上下向左右伸展出两条长臂，明显呈现出彩陶旋纹旋臂的特点。目雷纹的目形，就是旋纹旋心的圆点。铜器上的这种纹饰不会是突然出现的，因为在二里头文化的陶器上就出现有同类的"目雷纹"，河南偃师二里头遗址出土的花纹陶片上就见有结构雷同的纹饰，目形上下的旋臂左右勾连，又被称作"云目纹"，属二里头文化时期。[1] 这种目雷纹，其实可能就是旋目图像的进一步图案化的结果。这种明确的源流关系，既体现了悠久深厚的商周文化传统，也表现了中国文化一以贯之的传统，很值得探究。

更进一步说，铜器上的饕餮纹也并非全然不见旋目图形。如从郑州小双桥遗址出土的商代建筑构件上的饕餮纹观察，虽为臣形眼

---

1 中国社会科学院考古研究所编著：《二里头陶器集粹》，中国社会科学出版社，1995年，图447。

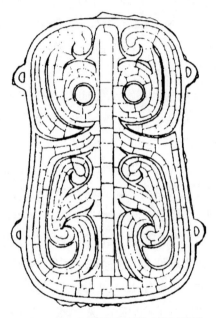

图 8　二里头文化嵌绿松石铜牌饰上的旋目图像

河南偃师二里头遗址出土

　　　　　　　　　　　　　　　　　　　　　　日月崇拜

目，但眉却为旋形，颊部也有比眼目还大的旋形，这都与史前的旋目相似，区别是旋形并不在眼睛的位置上，[1] 类似的例证还可以举出一些。其实，旋目神面在三代铜器上并非毫无踪影。在河南偃师二里头遗址出土的几件嵌绿松石铜牌饰，一般都有以兽面为主体的图案，兽面的眼目有的为梭形，有的为"臣"形，有的就是旋形。1981 年出自一座墓葬的牌饰，所饰兽面即是旋目，而且具有双旋特点（图 8），年代上在二里头文化中也是属于最早的。[2] 李学勤先生曾著文对这些牌饰进行讨论，他注意到了兽面眼形的不同，认为两种兽面都属于饕餮，而且明确指出铜牌上的旋目与两城镇龙山玉圭属同一类型。[3]

图 9　商代青铜器上的旋目图像拓本

江西新干商代大墓出土

1　河南省文物研究所编：《河南考古四十年》，河南人民出版社，1994 年，图七八。

2　中国社会科学院考古研究所二里头队：《1981 年河南偃师二里头墓葬发掘简报》，《考古》1984 年 1 期。

3　李学勤：《论二里头文化的饕餮纹铜饰》，《走出疑古时代》，辽宁大学出版社，1994 年。

此外，我们还注意到江西新干商代大墓出土铜器上不仅见有目雷纹，在一件合瓦式铜铙上还发现了典型旋目装饰。铙体铸有大小两组旋目兽面，大兽面的双目为"螺旋式的椭圆形巨目"。鼓部以弧旋线条构成一简略的小兽面，双眼纯由旋线组成，不见明确的双睛（图9）。同墓另一件铜铙的鼓部，也铸有相同的旋目小兽面。[1] 这种情形并不仅仅只见于新干大墓，1963年在浙江余杭县徐家畈出土的铜铙上也有饕餮纹，"饕餮的两目作旋涡纹"。[2] 1974年在江苏江宁县塘东村出土一件大铜铙，也铸有大小兽面各一，小兽面亦在鼓部，纹样构成与新干铙相同。这件铙上的大兽面亦与新干铙类同，只是突出的双目上铸有正背相对的双旋纹。[3] 湖南宁乡县老粮仓出土一批铜铙，有几件钲部饰变形兽面，双目以两条粗壮的螺旋线构成，不见明确的双睛。这样的旋目兽面铙在宁乡月山铺也出土一件，器形较大，为同类器之最。[4] 由这些发现看，商周铜铙所铸兽面多以旋目为特征，这也许有助于我们将来进一步诠释旋目神面。据高至喜先生对古代铜铙的专门研究，以"云纹"构成兽面装饰的商周铜铙在江南出土不少，这确实是一个值得重视的现象。[5]

令我们感兴趣的是，年代更晚的东周铜器上也发现有旋目雕塑，如曾侯乙墓的若干铜器上就有旋目龙和旋目兽附饰，有的眼眶外的旋线明显是上下两条，这种双旋目与史前玉器有异曲同工之妙；有

1　江西省文物考古研究所等编：《新干商代大墓》，文物出版社，1997年。

2　王士伦：《记浙江发现的铜铙、釉陶钟和越王石矛》，《考古》1965年5期。

3　南波：《介绍一件青铜铙》，《文物》1975年8期。

4　《中国青铜器全集》11册，东周5，第140、142—145、149图，文物出版社，1997年。

5　高至喜：《中国南方出土商周铜铙概论》，《湖南考古辑刊》二辑，1986年。

的眼形为立体雕塑，旋转内收为尖尾螺壳状，这又与商周铜铙上的兽面雷同，特点非常突出。[1]

秦汉时代以后，器物装饰纹样中常见的旋式图案，应当与史前旋目图案和铜器上的目雷纹有渊源关系，但这些纹样多重在体现旋形结构而省却了目形，所以就不能笼统归入旋目之列了。

旋目神的神格

通过本文这样的认读，大体可以确定以旋目为特征的神灵，在史前时代已由陶工在彩陶上描绘出来，继而又被雕刻在玉器上，在夏商周三代又铸刻在铜器上，这是一方占据先民心灵不下 3 000 年之久的神灵。旋目神似乎已为历史所忘却，考古学家们将它混同于一般的饕餮，还没有来得及辨认清楚它有什么特别之处。

自人类开始塑造神灵偶像开始，在表现神灵的眼睛时，可能有过许多方面的考虑。一般的神面都有如同人类一样的双眼，有的还被表现成多眼的模样。神眼的形状，有大有小，也有圆有方，有梭形眼，有圜眼，其原型大体来自动物和人本身。但赋予某神为旋形眼，却不知是何用意，让人一时也不大清楚这种神眼的由来。我们不大容易说清旋目图形取自动物界中的哪一属，由直观印象很难获得确定的答案。

前引孙机先生《龙山玉鹫》一文，将旋目神理解为东夷祖神，而鹫则为始祖神，"二者共同组成复合神徽"，这种解释可备一说。

1　湖北省博物馆编：《曾侯乙墓文物艺术》，湖北美术出版社，1991 年。

在玉器上见到的旋目神面与鸷鸟确实有着不可分割的联系，许多玉圭图案上有鸟则必有旋目神面，或是二者合而为一。但是更早时代的情形，却并不明确，而且旋目神崇拜的人群也大大超出了东夷人的范围。史前时代这种旋目神的真正神格，我们还不能说了解得十分清楚。现在能够确定的是，远古时代崇拜旋目神的人们分布范围很广，遍及黄河与长江中下游地区和北方地区。早期旋目神形象的造作，可能是居住在黄河中下游地区的庙底沟和大汶口文化居民完成的。但是我们不知道这神灵形象的模特是什么，也就一时无法对它的神化背景有更准确的把握。

史前中国可能会有许多人所不知的神灵，现在我们又由彩陶和玉器图案得知还存在一种旋目神。由夏商时代的零星考古资料考察，旋目神崇拜延续到了历史时期。这以旋形眼为特征的陌生的神灵，与其他神灵形象明显不同。"旋目神"是我们暂定的一个形象的代称，它本来应当具有自己的神名，只是我们现在还不能确知而已。至于它所具有的神格，它在神界的具体职掌为何，究竟是日月星辰之主，还是风云雷电之象，要作出明确的判断还有待来日。

（1998 年 9 月初稿，1999 年 4 月改定）

本文原名"中国史前'旋目'神面图像认读"，发表于《文物》2000 年 3 期。

神话的真相

——代跋

　　每一个民族都拥有原创神话，口耳间相传一些遥远的故事，它是民族历史古老的记忆。神话从诞生的那一刻起，就似乎只存在于那古老的话语版本里，一代代人在口传或文字里接受神话的洗礼。考古学诞生以后，我们有幸看到了历史遗留下来的许多图像神话版本，神话的形色细节开始透过眼睛进入我们的大脑。这个转变来得并不十分顺畅，以前易于听懂的故事，现在未必一眼就能从图像中观看得明明白白。依仗智者的引领，我们才有可能通过古老的图像悟出神话的真相，发掘出其中隐含的历史信息。

　　叶舒宪的新作《图说中华文明发生史》即将出版（南方日报出版社，2015年），他嘱我写个序文，我迟迟不敢动笔，因为觉得跟不上他思维的节奏，而且我们问学的始点和角度并不相同。但看了他的书稿，却产生了共鸣，或者说还感受到了一种震撼。他的书告诉我们，神话不仅变得可以看见，可以触摸，神话居然放射着信史的光芒。我还发现，自己和叶舒宪有一些共同的研究节点，对那些熟识的古物，我们所知所见略同，如商代玄鸟与猫头鹰的表里关联。他的这本书从头至尾读来，很像是一部考古学著作，使用了大量考古资料，又较之一般考古学著作更显缤纷之色。一方面，图文并茂使阅读变得更加轻松；另一方面，让图像叙事引领文字叙述或理论阐述，凸显出一种知识考古的趣味。想来这篇序文，倒是可以写作，可以说一说考古学与神话学的瓜葛。

看了叶著，感觉像跟随智者探访了神话后面的真实历史图景。他由神话文本解释考古图像，借此探讨文明发生的过程，重新解读神话中的历史真实。叶著借用人类学的术语"大传统"和"小传统"，给予颠覆性的重新定义，即始于无文字时代的传统为大，文字记录的传统为小。他由此将中国古代文化区分出大传统和小传统，认为玉石是中国大传统的象征符号，神话观念是大传统的文化基因。将玉石与神话的意义提升到前所未见的认知高度，这也成为叶著的突出特色。叶著认为，《山海经》在小说形式中蕴含着某种信史的信息，在神话与历史之间架起了一个沟通的桥梁。他探索的中心是"从宗教和神话看中华文明发生"，具体是由玉的神话解读中华文化的"原型密码"，并把驱动玉文化发生发展及跨地域传播的动力归结为前中国时代就已形成的一整套神话信仰观念，简称为"玉教"。他还从熊龙图像与文献考述祖先神话，由玉钺考察王权神话，进而探讨尧舜传说，由神熊崇拜追溯夏王朝的信仰传统，由玄鸟崇拜考察商族来历，又由凤鸟传说研究西周王权神授的信仰本源。三代神话都有考古图像印证，两个体系合一，这是对中华文明发生过程的一个简洁而完整的新描述。

叶舒宪的这些讨论都依从了他自己首倡的"四重证据法"，有文，有史，有图，有真相。2009 年，叶舒宪组织启动中国社会科学院重大项目"中华文明探源的神话学研究"，由语言文学同考古学、历史学等互动，意识到前文字时代"物的叙事"对于文学人类学研

　　　　　　　　　　　　　　　日月崇拜

究的重要意义，提出以"四重证据法"作为中国文学人类学的方法论基础。所谓四重证据法是：传世文献、出土文献和文字、人类学的口传与非物质文化遗产、考古图像和实物。正是由这个基础出发，叶舒宪提出由人类学、神话学视角进入中华文明探源工程的整合研究思路，以大量考古学实物为基础材料，充分调动人文解释学的阐释力，"让无言的出土器物发出声音，甚至说出话来，从中探索无文字记载的远古时代的社会和文化信息，从而重构出失落的历史线索"。叶舒宪强调，要充分借鉴国际上比较神话学研究的跨学科经验，他认为：

中华文明探源工程缺失了神话学视角，阻碍着考古学素材和人文学科阐释之间的沟通。物的叙事这一视角恰好能够弥补这一缺失。如今的比较神话学研究，已将神话叙事的概念应用到图像和文物之上。从整合性视野看，神话是作为文化基因而存在的，它必然对特定文化的宇宙观、价值观和行为礼仪等发挥基本的建构和编码作用。

我们知道，这个文明探源工程是由考古学家主导的，它重视的更多的是实证，但对于实证的解释又非常谨慎，不敢越雷池一步。特别是回避了神话与传说的研究途径，这反而削弱了实证的作用。在这个时候，走出考古学的学科壁垒，向其他学科求援是一条必由之路，叶舒宪带来了一路援军，我们应当张开双臂欢迎。

通过实践四重证据法，叶舒宪的神话研究已经走出书斋，走向了田野，走向了博物馆和考古现场。我觉得他大体完成了考古与神话的对接，而且是系统的对接。他尝试的这种研究方向，可以称为图像考古，也类似于一种重建失落的历史脉络的知识考古，可以链接的考古学分支学科是认知考古学。

神话与真实之间，可以这样对接么？叶舒宪的回答是肯定的，当然这种对接其实并不容易，作者完成的是在神话与考古之间的对接，或者可以称为虚与实的对接。我觉得这个对接获得了很大成功。这个成功，既解释了神话，更解释了考古，两全其美。这样的解释，让考古人重新认识了神话的价值所在，也使考古在神话里体现了自己的价值。

考古与神话，作为学问而言，似乎本无什么联系。神话很古老，老到数千岁以上；考古很年轻，年轻得只有百多岁。在神话学那里，两者早先互不相知。在考古学这里，两者相识但互不搭界。

但它们有两个共同点，一是内涵都很古老，二是魅力都很强大。这样想来，它们又注定是搭界的。

考古学家在很长时期都排斥神话研究，他们不知考古获得的信证很多都与神话有关。我们所研究的那个时代的人，都生活在历史建构的信仰中，而信仰的表现形式主要是神话。可以这样说，没有神话，那一段历史便无所凭依。没有文字的时代，神话以考古图像的方式保存着，神话中有很真实的历史。神话一直被归属文学范畴，神话叙述不论是口传或是以文本形式存在，都是描述式的，都是通过受者各自的想象进行二度创作后保存并传播的，所以改变也是不可避免的。但古老的图像却保存着神话相对原始的面貌，是更可信赖的史实。以考古图像求证神话的本源，以图像神话求证历史的真相，顺理而成章。考古为寻找本原神话，为重建神话体系，是可以作出贡献的。

当然，在神话、考古与历史之间，并不能简单划上等号。要研究各自的表达体系，找到它们的吻合点。这个过程不是个别事项的比对，而是整体系统的观察。叶舒宪的新作进行了这个整理工作，我觉得他找出了许多的吻合点，所以他划上了一些比较确定的等号。

当然早期文明史并不都在神话里，但神话却可以勾勒出这样一个大致的历史轮廓，这已经令我们大喜过望了。

神话是思想的历史。考古研究擅长研究物，考古人似乎还没有准备好，或者说还没有足够的素养从事神话研究。所以不屑或排斥神话的研究，也是可以理解的，但并不能认为这是正常的。

神话的真相，就存在于考古之物证上，只是过去对这些物象缺乏中肯的解释。叶舒宪对这些物象非常关注，他说："物的叙事带来的信息足以解释文献叙事的所以然，从而帮助今人重新进入历史。"他认为在考古发现的图像叙事和实物叙事中，可以解读出神话思维，辨识出神话叙事，可以发现神话意象。他认为"以往的神话研究大多属于纯文学研究，所看到的只是文学文本。未来的神话研究将拓展到文字以外的新材料，称为物质文化或物的叙事"，这便是他所说的"第四重证据"。[1] 这样就可以"重估从炎黄始祖到尧舜禹汤文武的圣王叙事谱系，构建出一幅以新知识视角为观察点的中华文明发生历程之全景图"。

叶著是部普及性著作，我觉得一般读者是可以读懂这"全景图"

1　叶舒宪：《玉的叙事与夏代神话历史的人类学解读》，《中国社会科学报》创刊号，2009年7月1日。

的轮廓的。这个研究是开创性的，我们不会要求它一开始便那么尽善尽美。这个研究还会深入下去，我相信今后一定会看到更完备的结论。

本文原为叶舒宪《图说中华文明发生史》序，载叶舒宪著：《图说中华文明发生史》，南方日报出版社，2015年。

插图目录

天目华冠

补天奇法

月里情怀

心的旅行

神面旋目

凡世与神界书系

◆ 日月崇拜

艺术考古随记之一

王仁湘　著

◆ 动物有灵

艺术考古随记之二

王仁湘　著

◆ 造神运动

艺术考古随记之三

王仁湘　著

◆ 王者仗钺

艺术考古随记之四

王仁湘　著

上 海 古 籍 出 版 社